[日] 尾林誉史 著　白娜 译

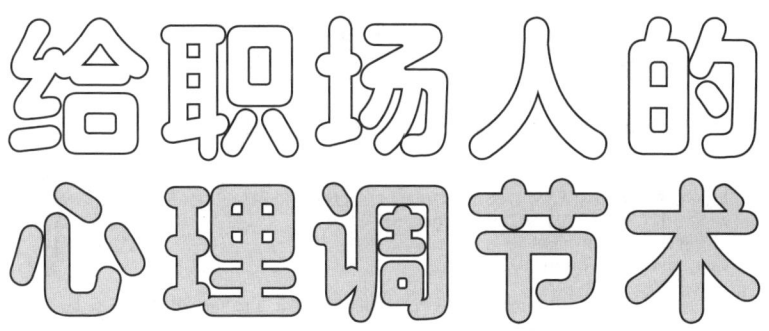

给职场人的心理调节术

工作干到抑郁，其实有些事你不必太认真

元サラリーマンの精神科医が教える
働く人のためのメンタルヘルス術

文汇出版社

图书在版编目（CIP）数据

给职场人的心理调节术 /（日）尾林誉史著；白娜译. —— 上海：文汇出版社，2024.7
ISBN 978-7-5496-4270-0

Ⅰ.①给… Ⅱ.①尾… ②白… Ⅲ.①职业－应用心理学－通俗读物 Ⅳ.①C913.2-49

中国国家版本馆CIP数据核字(2024)第111397号

MOTO SALARYMAN NO SEISHINKAI GA OSHIERU HATARAKU HITO NO TAME NO MENTALHEALTH JUTSU by Takafumi Obayashi
Illustrated by Sachiyo Fukui
Copyright ©2022,Takafumi Obayashi
All rights reserved
Original Japanese edition published by ASA Publishing Co., Ltd.Simplified Chinese translation copyright © 2024 by Dook Media Group Limited
This Simplified Chinese edition published by arrangement with ASA Publishing Co., Ltd., Tokyo, through THE SAKAI AGENCY, INC. and BARDON CHINESE CREATIVE AGENCY LIMITED

中文版权 © 2024 读客文化股份有限公司
经授权，读客文化股份有限公司拥有本书的中文（简体）版权
著作权合同登记号：09-2024-0434

给职场人的心理调节术

作　　者 /	［日］尾林誉史
译　　者 /	白　娜
责任编辑 /	邱奕霖
特约编辑 /	吕颜冰
封面设计 /	江冉滢
出版发行 /	文匯出版社
	上海市威海路 755 号
	（邮政编码 200041）
经　　销 /	全国新华书店
印刷装订 /	三河市龙大印装有限公司
版　　次 /	2024 年 7 月第 1 版
印　　次 /	2024 年 7 月第 1 次印刷
开　　本 /	880mm×1230mm　1/32
字　　数 /	90 千字
印　　张 /	6

ISBN 978-7-5496-4270-0
定　　价 / 59.90 元

侵权必究
装订质量问题，请致电010-87681002（免费更换，邮寄到付）

每每遇到来诊所就医的患者问我："医生，我还能变回原来的自己吗？"

我都会回答："不能。"

听到这两个字，大家露出绝望的表情，眼里满是迷茫。

这时，我又会补充道："您会变得比原来更好。"

序　言

"最近总觉得萎靡不振，没什么精神……"

"心情总是很低落，对什么事都提不起兴趣……"

能这样说的人，肯定都体会过不安、担心和忧郁。

遇到这种情况，我总想着尽可能让大家心里踏实一些。

我也曾在企业里当过五年的上班族，也曾一度陷入抑郁，所以完全能对心理失调患者感同身受。

我还在企业工作时，曾遇到过一位精神科医生，对我来说，他就像是模范一般的存在。

他温柔地安慰着我，"这些日子你一定很痛苦吧"，接纳了当时精神防线被击溃的我。

他一边在纸上写写画画，一边耐心、直白地讲解着我现在处于什么阶段，经过多长时间就能恢复到什么状态。

在我看来，认真负责的医生与积极配合治疗的患者携起手来，就能有效提高诊疗效率，帮助患者顺利战胜疾病，最终成功痊愈。

从发觉自己患上心理失调到接受治疗、恢复，每个阶段哪些内容是我们作为患者需要了解、掌握的呢？本书会一一为您解答。

心理失调，并不会摧毁患者的人格，也不意味着患者将来必定一事无成。

我希望大家能够明白，心理失调可以治愈，而且痊愈之后，完全有可能变得比以前更好。

尾林誉史

目 录

序 言 /1

第1章 发觉自己心理失调，不知所措时

Q.01 听说去医院看精神科，医生会给开镇静剂，那还有去医院的必要吗? /015

Q.02 服用精神科医生开的药后就变成废人了，是真的吗? /017

Q.03 想去医院看病，上网一查，结果全是差评。 /019

第2章 如何选择合适的诊所和医生

Q.04 出现心理问题时，应该找谁倾诉呢? /023

Q.05 心理治疗内科、精神科和心理诊所，应该选哪个? /028

Q.06 如果网上的信息没有参考价值，那又如何选择医院呢? /031

第3章　如何战胜疾病

Q.07	第一阶段应该做些什么呢？	/ 049
Q.08	为了早日康复，是不是应该规律饮食、多运动啊？	/ 052
Q.09	在休息阶段都会遇到什么问题呢？	/ 055
Q.10	状态好的时候，是不是可以回复工作邮件？	/ 060
Q.11	如果能做到彻底休息，会怎么样呢？	/ 062
Q.12	第二阶段是什么状态呢？	/ 064
Q.13	第三阶段会什么状态呢？	/ 067
Q.14	如何理解并接受长期休养这件事呢？	/ 070
Q.15	第四阶段是什么状态呢？	/ 073
Q.16	要复工了，总感到惴惴不安，会顺利吗？	/ 077

第4章　关于治疗和药物，你应该知道的事

Q.17	作为患者，需要了解哪几种精神类药物？	/ 111
Q.18	关于药剂量，应该掌握哪些信息？	/ 116
Q.19	药品说明书上写了很多不良反应，能放心服用吗？	/ 120

Q. 20	如果出现了不良反应,那么是不是应该停止服药?	/ 123
Q. 21	医生调减了用药量,那我应该直接停止服药吗?	/ 126
Q. 22	会不会出现需要长期服药的情况?	/ 129
Q. 23	精神科的诊疗和心理辅导,究竟有什么不同?	/ 132
Q. 24	病情有好转但又出现反复,是治疗方法不对症吗?	/ 136
Q. 25	需要向医生询问些什么?	/ 140
Q. 26	和爱人、伴侣的关系不和睦,应该怎么办才好呢?	/ 148
Q. 27	应该如何面对父母和孩子呢?	/ 154
Q. 28	可以和公司里比较亲近的同事经常联络吗?	/ 157
Q. 29	需要向足够信任的朋友进行适当的解释说明吗?	/ 160
Q. 30	活得轻松,具体来说是什么意思呢?	/ 163

结　语 / 180

第1章

发觉自己心理失调,不知所措时

当出现心理失调的情况时，你会感觉对什么事情都提不起兴趣。任何一个人遇到这个问题都会不知所措，从而感到烦恼、纠结。

通常情况下，在出现生理性不适时，人们都会毫不犹豫地选择去医院就诊；但是当遇到心理问题时，往往会犹豫不决，主要原因还是在于大众对心理疾病的误解和刻板印象。

提起心理疾病，过去人们大多会联想到精神分裂症。在大众眼中，这种病需要长时间住院治疗，而且一旦患上就不会痊愈。当下，我们生活的社会不断发展，医疗水平也有了显著的提升，但遗憾的是，这种刻板印象却依旧根深蒂固。

目前，最常见的心理疾病已然变成抑郁症和调节障碍症，并非精神分裂症。事实上，这两种疾病，只要患者积极接受治疗，或适当地改变、调整生活环境，都是可以治愈的。

当出现心情郁闷、精神欠佳、食欲不振以及持续失眠等症状时，直接去医院就诊是最稳妥的选择。

接下来先让我们进行一下自测，明确自己目前的身心状态吧。

倘若对身体释放出的信号视而不见，心理问题就会逐步显现

心理失调，有很多种叫法，比如忧郁症、抑郁症等。准确理解心理健康值下降究竟是怎么一回事是极其重要的。

在心理压力和身体压力的双重作用下，大脑无法正常工作的状态，被称为忧郁，是缺乏血清素等神经传导物质所引发的心理问题。

大多数情况下，在心理问题出现明确的症状之前，我们的身体都会释放出预警信号。

这种身体疲劳过度后发出的预警信号，因人而异，比如有的人会头痛、耳鸣，且痛症日益加重；有的人还会患上口腔溃疡或是膀胱炎。

以我自己为例，疲劳过度后左眼皮就会不停地跳动，指尖也会长水疱。

当然，有时我们不得不对这些预警信号视而不见，被迫咬牙坚持。可是，当我们不断逞强坚持，达到极限时，心理上的问题就会逐步显现。这就是心理失调最常见的发病机理。

你是心理失调患者吗?

下面我将列举四种症状,以便大家自查,确认自己是否患上心理失调,或是否处于抑郁状态。

接下来的这些问题都是患者来诊所就医时肯定会被问到的。自查时,大家需要重点关注的是这四种症状的持续时间是否已经超过两周。

①总感觉心情低落郁闷

你是否总感觉心情抑郁?

比如,不知怎的就是觉得心情不好,干什么事都提不起精神,心上就像覆盖了一大片乌云,灰蒙蒙的……

试着回想一下,现在的自己和过去相比,"是不是变得沉闷了许多?是不是频繁出现焦躁烦闷的情况"?

②之前一度非常钟爱的东西,最近也变得兴趣索然

在个人兴趣爱好方面,关键在于自查热情是否减退。

具体来说就是指,过去会废寝忘食、全身心投入的兴趣爱好,是不是已经变得不那么热衷?总想着有空再说,等工作结束了再做,等等。

比如,过去每天会玩好几个小时的游戏,一打开棒球比赛、偶像明星的视频就会看好长时间,舍不得关掉。但是,心理健康值一旦有所下降,有的人可能看15分钟的视频就看不下去了,更有甚者可能连点击视频播放键的欲望都没有了。再或者,有的人或许会选择直接睡觉吧。

③三大欲望有所减退

首先,关于三大欲望中的睡眠,医生一般会问:"最近睡得好吗?"但这样的提问方式或许太过笼统,不能准确了解患者的真实情况。

- 是否存在入睡困难的问题
- 晚上睡觉会频繁醒来吗
- 是否会特别早就醒来,然后很难再次入睡
- 醒来之后会有"睡饱了"的感觉吗

建议大家从以上四个角度来思考。其中,第四点尤为重要。

其次,关于第二大欲望食欲,每个人的饮食习惯都不尽相同,有的人饭量大,有的人饭量小,有的人一天只吃一餐,有的人一天要吃很多顿才行。所以,在食欲方面,关键在于对照自己过往的饮食习惯,确认食欲是否有所减退。

最后,第三大欲望性欲,我在看诊时,尤其是遇到男性患者时,我都会询问有关性欲的问题。因为心理问题普遍会伴随性欲下降。有的抑郁症患者甚至存在抑郁症状消除后,

性功能障碍仍未彻底痊愈的问题。不管从什么角度来说，性欲下降都会严重影响到生活质量，所以建议患者本人也要关注这一点。

④懒得动，干什么事都提不起精神

最后，确认是不是总有种倦怠感，干什么事都提不起精神。

什么也不想干，干什么都觉得麻烦、没意思。

具体来说，可能就连打扫卫生、收纳、做饭这些日常的小事都嫌麻烦，懒得干。

想吃点什么，还要出门买，买回来之后还要打开外包装，加热，一想到这些就觉得麻烦，有的人最后索性就决定不吃了。

这并不是没有食欲，而是倦怠感强。情况严重的，就连洗澡、上厕所都觉得麻烦。

也不愿意跟人说话，就连社交都觉得烦躁。有人发来LINE[1]，想着要回复，但又嫌麻烦，最终选择已读不回……你是否也有同样的感受呢？

不管是哪种症状，关键在于持续时间的长短。是否持续

---

[1] 韩国互联网集团NHN的日本子公司NHN Japan推出的一款即时通信软件。——译者注（本书注释如无特别说明，均为译者注）

两周以上,是自查过程中应该着重确认的关键点。

比如,有一天下雨了。"好饿啊,冰箱里空空如也,还得出去买,外面还在下雨,出门就要淋雨,好烦啊,算了,少吃一顿反正也饿不死。"这种情绪只在下雨那一天出现,这种情况不能算作心理失调的临床症状。

上面提到的四种症状,如果只是在短时间内出现,就不是抑郁。有明确的症状,且持续了相对长的时间,才会被定性为心理失调。

如果上述症状持续两周以上,那么我建议要重视起来。先放下手头的事,认真思考一下到底是应该彻底地放松休息一段时间,还是适当改变日常生活习惯,或是根据症状轻重,开始接受治疗。

小贴士 ①

当怀疑自己可能患上心理失调时，应该思考工作量、工作价值以及人际关系还有没有改善的空间

前面讲到，在自查中如果四种症状持续2周以上，就代表心理健康值有所下降，建议大家重视起来。如果患者是上班族，我会建议尝试从以下三个角度进行思考。

- 工作量
- 工作价值（意义）
- 人际关系

思考这三个方面有哪些是可以通过人为调整使其有所改变的，哪些是即使再怎么努力，再怎么下功夫，也不会有任何改变的。

①工作量→如果工作量过大，那么是否可以减少？

首先就是工作量。准确地说，是指包含加班、休息日出勤等在内的工作量是否过量，是否存在长时间劳动的问题。

近两年，居家办公、线上办公越来越普遍，工作和生活

的界限变得模糊。越来越多的人反映工作时长无形中被拉长，好像每天从起床到睡觉一直都在工作。

当然，也包括这种情况：有人恰巧是工作狂，工作12小时都不觉得累。总之就是确认是否存在过劳的问题。但也有人正相反，可能加班时间并不长，可就是觉得很吃力。

从法律意义上来说，加班时间的上限根据"法定劳动时间的上限"确定。但是，由于存在个体间的差异，因此很难断言劳动时长超过几小时就会患上心理失调。所以，需要具体情况具体分析，根据个人感受，确认是否属于过劳。

尽管如此，我还是希望大家能够明白，劳动时间越长，患上心理失调的风险也就越大。

当察觉自己的工作量过大时，下一步需要确认的就是能不能减少工作量。如果说"都是领导给安排的工作，总不能不服从领导的命令吧"，那么就代表没有扭转的余地。

如果患者不是上班族，而是自由职业者或是个体经营，那么就可以具体情况具体分析。是可以减少工作量（"最近确实工作得有点猛了，从下周开始我就有意地控制一下，不再接那么多工作了"），还是没有任何调整的空间（"不行啊，这个项目正在进行中，没办法调整啊"）。

工作量和接下来要讨论的两个问题一样，如果确实没有改变的空间，那么就需要和职业健康医师[1]面谈或是去诊所就医，寻找专业人士的帮助，共同商讨对策。

我们首先要做的是确认自己是否能对号入座。如果答案是肯定的话，那么下一步就是思考能否靠自己的力量改变当下的情况，或能否解决这个问题。

②工作价值→是否能体会到工作的价值?

接下来是工作价值，简单地说就是能否在工作中体会到成就感或相应的价值。

同样都是忙工作，被动做和主动做，还是有很大区别的。有的人即使并不喜欢当下的工作，也会将其理解成一种修行，努力消解心中的郁闷情绪。

如果从事的是自己喜欢的工作，而且也能理解工作同样是为了自己，那或许还能坚持下去；但倘若情况恰恰相反，那么工作就会是一件令人非常痛苦的事。

当被问到是否能体会到工作的价值时，很多人都会感到意外。一开始就业或是跳槽时，人们都会比较注重职业规划，但真正进入职场后，随着岁月的流逝，很少有人会想到所谓的"价值""成就感"。但是在听到这个问题之后，有

---

[1] 指在工作场所对从业人员实行健康管理、卫生教育、健康障碍的原因调查和防止复发等医学措施的医生。

的人就会意识到"原来如此，是因为没有找到工作的价值，才会这么痛苦的啊"。

认识到自己究竟陷入了什么样的困境，从而思考该如何应对，是非常关键的。

在弄明白自己为什么困扰之后，有的人就会得出"虽然现在属于被动地做工作，但是为了更好地成长、进步，还是得挺过这几年才行啊"的结论。

虽然不能改变现状，但在认识到问题的基础上继续坚持，这也不失为一种对策。

但也有人会产生下面这种想法：虽说和自己的梦想差了十万八千里，但工作就是这样啊，我已经认命了。

"我也意识到了这是症结所在，但是又有什么办法呢？我有家人要养活，还要还贷款，现实的温饱问题就不允许我随意地换工作。不过话说回来，认识到一直以来我都在咬牙逞强坚持，我想这也算是向前迈出了一大步吧。"

绝大多数人都是为了养家糊口而工作，所以即使再痛苦，也会咬牙坚持。但是，如果不能在工作中找寻到价值，无法获得成就感，继续忍耐下去的话，心理问题只会越来越严重。即使咬牙走出了当下的窘境，但总有一天，心理问题还是会再次出现。既然找到了症结所在，那就要有意地做出改变，这是尤为关键的。

必要的话，可能还需要适当地改变工作方式或者职业规划。

③人际关系→是否拥有和谐的人际关系？

首先需要确认自己所在的小组、部门、集体的人际关系是否和谐。

准确地说，就是当你遇到困难时，有没有人愿意伸出援手，安慰你。有没有这种支撑性的人际关系，是问题的关键。如果答案是"有"，那说明你的人际关系还有可优化的余地，否则就比较难办了。认清有没有因社交而消耗心力、疲惫不堪，这是非常关键的。

然后在此基础上，思考能否改进、优化。比如，有的人会选择和某人保持一定的距离，或者尽量避免一同工作。

还有一种不太常见的情况。假设有这样一个人，他能够在工作中实现自我价值，也能够获得充足的成就感，工作本身也很不错，但不巧的是，人际关系糟糕透顶。这种情况下，他或许也可以选择再坚持一年，多赚点钱，然后就跳槽到人际关系比较和谐的公司。

可能不久的将来，要么是自己，要么是对方，就会被调到其他岗位或是跳槽到其他公司，所以眼下就先忍忍。

但能够这样轻易就想通的毕竟只是少数人，大多数人面对这个情况，都很难说服自己继续忍耐下去，但又对令人心力交瘁的职场社交束手无策。

即便如此，还是和工作价值的问题一样："噢，原来是因为缺少这个，我才会这么痛苦的啊……"察觉到自己出现心理问题的症结所在，也是一大进步。

如果没有改善的空间，那么就要思考到底应该怎么办。工作量、工作价值和人际关系，还能否得到改善？通过当事人的努力，或是借助周围人的帮助，能否有所改观？比如，向朋友或家人倾诉，寻求帮助，告诉他们自己现在陷入了什么样的困境，想要做出改变，这也是一个法子。

对这三点进行综合判断，如果有改善的空间，周围人也能给予一定的帮助，那么心理问题可能就会得到缓解。

反之，当事人就需要认清现实：即使维持现状，心理状态也不会好转。

这时，就应该想办法积极面对，思考应该怎么做才好（第3章）。

Q. 01 听说去医院看精神科,医生会给开镇静剂,那还有去医院的必要吗?

Ans. 准确地说,根本不存在所谓的镇静剂。
去医院就诊,服用对症的药,听取医生的建议,才是康复的捷径。

有人说去医院精神科就诊,"医生给开的处方上有镇静剂",但事实上,根本就不存在所谓的"镇静剂"。

我猜,大家或许是把调节情绪的药物统称为镇静剂吧。或许,这也恰恰证明了大众对于精神科普遍存在一种误解。

在精神科,医生会根据患者的情况从抗抑郁药、抗焦虑药、安眠药等五类药品中,开出处方。患者只有了解每一种药品的效用,才能积极配合治疗,提高治疗效率。近期也出现了专门治疗发育障碍的药物,但本书中不对这类药品展开讨论。

作为患者,也应该简单了解一下治疗中会服用到哪些药物,这部分内容将在第4章中进行详细说明。

另外,我们去医院就医,也并不仅仅是为了拿处方。接受问诊,让医生了解病情,掌握发病经过。有医生在这场长跑中像陪跑者一样,始终鼓励、支持自己,患者才能成功抵达目的地，战胜疾病。

有很多人都在为心理失调而苦恼。

虽然大众对于心理疾病的误解已经根深蒂固了，但我还是希望大家能够明白，这种观念已经不适用于当下快速发展的时代，所以我还是衷心地希望大家能够正确看待心理疾病，积极就医。

我作为精神科医生，每天接诊时，针对每位患者的诊疗时间基本保持在15分钟以上，有时甚至会与患者交流1个多小时，目的就是深入了解患者的情况，尽全力帮助患者痊愈。

基于我多年来帮助患者战胜抑郁的经验，我想有必要向此刻还在为心理失调而苦恼的朋友们，传递一些关键的信息。

Q.02 服用精神科医生开的药后就变成废人了,是真的吗?

Ans. 不是的。事实上,抗抑郁药的效果并非立竿见影。倘若在拿到处方时,医生没有详细说明,就会导致患者将生理性不适归因于抗抑郁药。

如果出现抑郁症状,那么医生开具的处方中通常会出现抗抑郁药。

而抗抑郁药,一般在坚持服用数周之后,患者可能才会感受到实际的效果。

有的患者会说,按照医嘱吃药了,但是总感觉今天的精神比昨天还差,记性好像也不太好了,明明记住了的,可就是想不起来。

这样一来,尽管这些并不是药物作用,但患者却总会怀疑和服药有关。

"今天状态不好,该不会是因为昨天开始服用的那个药有问题吧。"

抗抑郁药其实几乎不存在会影响身体机能的副作用,但大家往往会将身体不适归因于药物。

而医生的态度、做法或许也是造成这种结果的关键原因。

为什么会这么说呢？因为医生没能耐心地倾听患者的想法，一味地执着于开处方而引发医患信任危机的情况并不少见。

如此一来，患者会产生"就因为吃了这种药，身体都变差了"的想法，也就不难理解了。

所以，在第一次开处方的时候，患者和医生之间就需要传递大量的信息，进行充分的沟通。

那么，当我们出现心理疾病时，又该选择什么样的医院和医生呢？关于这一问题，我将在第2章中进行详细说明。

掌握有关药物的基础知识很关键

Q.03 想去医院看病，上网一查，结果全是差评。

Ans. 当下社会，网络已然成为人们各种负面情绪的宣泄口，所以直接去医院亲身体验，才是最佳选择。

当治疗进行得不顺利时，网络往往会成为人们宣泄不满情绪的一个工具。

而患者们之所以会在网络上写下一些过激的文字，或许和医生不负责任的处理、治疗效果不佳脱不了干系吧。

出于这些原因，很多患者才会选择用极端的方式来声讨医院，在我看来，他们的意见并不具备参考价值。

"我被搞成了废人！""让我对A产生了药物依赖，一旦停药，根本就没办法正常生活！"类似的留言很常见，也具有一定的煽动倾向。

与此同时，诸如"这家医院真不错"的好评，也很有可能是水军所为。

大家想必都对点评网站上的水军留言很熟悉，但在医疗行业也会有医疗机构花钱找人写好评、打口碑，比如"这家医院服务做得好""医生有耐心、负责任，问诊很仔细"等。

我的诊所也遇到过那种来推销的，问我"需不需要写好评从而升口碑的服务"。我当然是果断拒绝，但这些机构好像只需要5万日元[1]、10万日元就能提供刷好评的服务。

尽管也有人带着善意去留言，但是网络留言已经形成了一种产业。所以，我们不能单凭网络上的评论好坏、评分高低去甄别医疗机构的优劣。

心理失调，是可以治愈的。但是，一旦恶化，后果也非常严重，这与其他任何一种器质性疾病都是一样的。

我也能理解，心理疾病的确会让大家讳疾忌医，但我还是建议大家尽早接受治疗。因为只有这样，病情才会得到控制，并逐步好转。

当下社会，越来越多的人苦于心理失调。但现实情况是，面对纷繁复杂的信息，我们很难找到真正需要的、有价值的信息。

正是出于这个原因，我才更要向大家传递真正必要的信息。

面对网络信息，需谨慎

---

1 折合约人民币2449元。

第2章

如何选择合适的
诊所和医生

Q.04 出现心理问题时,应该找谁倾诉呢?

Ans. 倾诉的对象可以是朋友、上司、公司人事、心理诊所的医生等。

关于如何迈出接受治疗的第一步,我将倾诉对象分成四类:①朋友、同事、家人,②上司,③公司的人事等部门或职业健康医师,④心理诊所。下面一一进行详细说明。

对于你来说,哪一扇门更容易被敲开,就选择哪一个。如果一条路走不通,就试试另一条路,或许也可以打打"组合拳"。

①朋友、同事、家人

向朋友、同事、家人倾诉或许是最容易的。

如果向他们发发牢骚,就能感到如释重负的话,那么或许没有比这更简单快捷的方法了吧。

但是,当一个人精神不振、缺乏自信时,往往也会失去倾诉、表达的欲望。而对方却精神饱满,不仅不能与你共情,你可能还会因为对方的无心之言而受到"二次伤害"。

所以，大家一定要明白，即使不能向朋友、同事、家人倾诉心声也在情理之中。如果恰好有可以倾诉的机会，对方还能与你共情，那或许就是天赐的好运了。

②上司

上司，是管理你、监督你，并在你遇到困难时给予一定援助的存在。

而且你早晚都会因为调整业务量等不得不面对上司。毕竟不论是调整工作量、工作时间，还是申请停职休假，都必须获得上司的批准才行。

找上司商量的时候，对方表示理解，"原来如此，听你这么一说，给你压的担子确实有些重了"，这样的上司可能就是所谓的"神仙上司"了吧。

如果上司还能主动提出"那接下来的一段时间，你的工作就以团队或者小组的形式推进吧"，那么你的心理问题或许就会有所缓解。

当然，我们不能期待和上司沟通就一定能解决问题，但是也不排除会有真心替员工着想的上司。

但同时还有另外一种可能——上司恰恰是造成心理失调的元凶。

如果是这种情况，就需要我们做出选择了，是越级去找上司的上司呢，还是去找公司人事呢？

直接去找上司的上司，难度还是很大的。所有问题的元凶，也就是你的顶头上司，得知你越级汇报的话，可能会大发雷霆："你瞒着我去找大领导胡说些什么！"为了避免出现这种局面，建议大家还是优先去寻求人事部的帮助吧。

③公司人事等部门或职业健康医师

每家公司负责员工精神关怀的部门，名称都不尽相同。有叫人力资源部、保健中心的，还有叫心理健康推进室的。不管叫什么名字，找到相应的责任部门去沟通就对了。

可能你想选择②，找顶头上司沟通、倾诉，但也许有的公司就有明确的规定：上司得知员工出现心理障碍或疾病时，应主动联系人事，由人事安排职业健康医师与员工本人谈话。那么你坦诚地告诉人事负责人当下自己的困扰和烦恼就可以了。

当然，我也理解很多人会犹豫要不要将自己的困扰如实告知人事负责人，因为他们担心一旦公司人事得知自己出现心理问题，会影响到今后的岗位安排或晋升。

④心理诊所

刚才提到的①朋友、同事、家人，②上司，③公司人事等部门或职业健康医师，越往后的倾诉对象，当事人越不容易将自己的烦恼说出口吧。

但与之相对，难度越大的倾诉对象，满足你缓解心理问题这一核心诉求的有效性也就越高。难度的确不小，但也是能够获取来自周围人的切实有效帮助的重要途径。

当你不知该选择哪一个，犹豫要不要迈出实质性的一步时，你的心理状态可能正在不断恶化，这种情况其实非常常见。

大多数情况下，即使被劝说，"要是不好和上司开口的话，那就去找公司人事聊聊啊"，也不可能立马就下定决心，"好，明天就去找公司人事说一说"。鼓起勇气，将自己的困扰说出口，并没有想象中那么简单。

不管怎么说，独自烦恼都是最不可取的做法，所以建议大家一定要从刚才列举的选项中选择一个，把自己的痛苦说出来。

如果反复斟酌后，你还是很难敲开人事部的门，那么去诊所找医生看看也不失为一条良策。

倘若你就职的公司是员工可以轻松地与人事等负责员工心理健康的部门沟通谈心，职业健康医师诊疗体系也在有效运行的公司的话，那自然是再好不过了。反之，建议大家可以考虑去诊所就医。

关键要点

- 可以找朋友、同事、家人、上司、人事等以及心理诊所倾诉烦恼,寻求帮助。
- 找朋友、同事、家人倾诉的难度最低,即使沟通效果不佳,也不要放在心上,要理解其中的无奈。
- 要想适度调减工作量、工作时间等,必然需要与上司商量,所以向上司吐露心声的好处还是很多的。
- 将自己的苦恼、痛苦等,原原本本地告知人事等部门即可。
- 如果很难鼓起勇气找公司的人事等部门倾诉,也可以考虑先去诊所看看。

Q.05 心理治疗内科、精神科和心理诊所，应该选哪个？

Ans. 无论挂的是什么招牌，选择任何一个都可以。

一般来说，出现心理失调需要就医时，大多数人都会想到心理治疗内科、精神科、心理诊所。科室也好，诊所也罢，出诊的都是精神科的医生。

心理治疗内科，主要围绕减轻患者的生理性不适展开治疗，同时缓解心理疾病。先仔细检查各项身体机能，倘若得出"这应该是心因性症状[1]"的结论，那么医生也会给患者开一些精神类的药物。

与之相对的，精神科则是以治疗患者的"心病"为中心，同时诊治心理疾病所伴随的生理性不适。近几年，纯粹意义上的精神科逐渐减少，几乎很难见到大学医院[2]开设这一科室。

---

1 指因心理因素所引发的症状。
2 指由大学设立或管理的医疗机构，是日本国内医疗系统的重要组成部分。

开设心理治疗内科或是心理诊所比较多的原因在于，患者看到这样的名称，会更容易鼓起勇气前来就诊。

该选哪个呢？

或许比起"去精神科"，去心理治疗内科或者心理诊所，患者的心理负担会小一些吧。而且，心理治疗内科和心理诊所的医生也是专攻精神科的，也是按照精神科的思路对患者进行治疗的。

因此，无论是精神科、心理治疗内科，还是心理诊所，选择其中任何一个都是完全没有问题的。

我的诊所也是一样，既有心理治疗内科，也有精神科。我们这里的医生都是学精神科出身的，之所以会开设多个看似重复的科室，就是因为想尽可能降低患者来就医的难度。

关键要点

- 无论是精神科、心理治疗内科，还是心理诊所，从业的医生都是学精神科出身的。
- 对于患者来说，比起去精神科，会更倾向于去心理治疗内科或是心理诊所就医。因此，有很多医院会选择开设心理治疗内科。
- 不管挂的是什么招牌，选择其中任何一个都无妨。

Q.06 如果网上的信息没有参考价值,那又如何选择医院呢?

Ans. 通过"试诊",选择适合自己的医院。

正如第1章所提到的那样,网络上的信息有好有坏,并不能完全靠参考其中的信息来帮助我们选择医疗机构。

而浏览各个医疗机构的官网,就会发现内容大同小异,大部分都只是在介绍抑郁症、焦虑症的基本症状,几乎看不到什么具有鲜明特色的内容。

这是因为医疗法中有明确规定,所以医疗机构很难直白地展示诸如"为您提供我院独有的服务——×××"之类区别于其他医院的东西。

所以,比起信誓旦旦地"无论如何,我都要去那家医院",倒不如抱着"要不先去这家医院看看"的想法会更好一些。

我的建议是,大家可以像逛超市、逛商场一样,试着逛逛医院。也许有人会对我的这种想法嗤之以鼻。

但是,我所说的逛医院,并非像橱窗购物只看不买一样,专门跑到医院里将每个医生看一遍,什么病也不治的行为。

换个更准确的说法,应该是叫"试诊"。也就是说,通过"货比三家",寻找适合自己的医院。要想找到真正适合自己的医院,是需要耗费一定的金钱和时间的。

因为你既要去A诊所,也要去B、C诊所,每去一家诊所都得支付初诊费。

如果可以使用医保的话,初诊费大概在2500日元左右,复诊的话需要1300日元或1400日元,可见初诊费和复诊费相差将近一倍。

选择最适合自己的

但我们要寻找的是能够放心地将自己此刻的痛苦全盘托

出、陪自己走向康复的同伴，单纯因为节俭，就想着节省选择医院所需的几千日元，划得来吗？

如果将这部分钱当作寻找"可以耐心听我诉说烦恼"的医生的成本，那么我觉得这个成本其实并不高。

除了网络上的信息和医疗机构的官网，我们也会从周围人那里听说哪家医院好，哪家医院不好。但是，总有些东西，只有你亲自去体验了才能真正有所了解。

所以，我经常会对患者说："为了让您真正信任我，您可以去其他医院试试。当然，我还是会在这里等着您来复诊。"

其实也不用去太多家不同的医院，去个两三家，选择其中就医体验最好的那家继续接受治疗就可以了，这样一来，既能享受相对较好的治疗体验，还能提高治愈率。

要治疗心理失调，比起大医院，更建议选择心理诊所

也许有人会纠结，到底是去大医院呢，还是去心理诊所呢？

最具代表性的大医院就是大学医院了。说到底，大学医院终究是医生的研修机构，诊疗服务确实是做得比较好，但同时也需要耗费相当长的时间。正常情况下，光是看诊就需要排队等候3小时，结算费用还要再排队1小时，这样一算半天就过去了。

不仅如此，要想在大学医院持续接受治疗，必须有介绍信[1]，所以从各个角度来说，去诊所应该算是"捷径"了。

大医院的优势在于拥有丰富多样的医疗器械，但是当下我们所要治疗的心理失调问题，并不需要做精密检查。比起高精尖的医疗器械，和医生的适配度会更重要一些。

医院拥有为了满足患者住院治疗所需的各类设备、设施，而诊所则以门诊为主。所以假设只是治疗心理失调的话，心理诊所就足够了。

大学医院等大医院确实拥有优秀的人才，但也不能因此就下断言说大医院的治疗效果会更好。诊所里也有很多好医生，不能一概而论地认为大医院就更让人放心。

什么是投缘的医生

和医生是不是投缘，是不是合得来，我们可以从以下几个角度进行确认。

首先，有没有心照不宣的默契。

其次，对方有没有想要了解自己的欲望。

简单来说，就是在交流的过程中，医生有没有表达出想要了解患者的想法和态度。

话虽如此，但假设对方只是一味地附和道，"原来如

1　日本厚生劳动省为让大医院减轻接诊负荷而出台的政策。旨在鼓励轻症患者先到中小医院或诊所就医，如果病情在中小医院或诊所实在得不到有效治疗，必须拿着由中小医院开具的治疗"介绍信"，方能去大医院看病。

此,你真的受苦了",完全没什么医术可言,那也是不行的。所以具备作为医疗从业者的基本素质,也是非常关键的。

和医生的缘分,从某种意义上来说,与恋爱异曲同工。

"同工"同在哪里呢?同在是否能从两人的相处感受到特有"默契"。

在我看来,产生这种"默契"的关键,恰恰在于医生如何接纳患者,在诊疗过程中又能向患者准确、有效地传达些什么。

和医生的缘分,就像谈恋爱一样

关键要点

- 即使浏览医疗机构的官网,也很难看出各家医疗机构的特色,所以最好自己直接去看看。
- 为了找到投缘的医生,即使要支付一定的初诊费,也建议大家多去几家感受对比。
- 如果要治疗心理失调,没必要专门跑去大医院,小诊所也可以。
- 与医生的缘分,和恋爱异曲同工。是不是聊得来,医生有没有想要了解患者的欲望,有没有包容心,能不能很好地表达自己的意见,是不是值得信赖,这些都非常关键。

小贴士 ②

真正的精神科治疗，初诊就需要2小时。
不仅要确认症状，还要了解患者的经历、性格等。

如果是第一次去治疗心理失调，大家或许都对心理诊所的诊疗方式知之甚少吧。

心理诊所的问诊，在诊疗时长和诊疗流程上同其他科室还是有一些区别的。

倘若不了解心理治疗的流程，就会在心里打个问号——"这样属于正常流程吗？""怎么感觉有点怪怪的？"这是一种非常差的诊疗体验。

所以，我希望大家能事先对"治疗过程中的必要事项"做一定的了解。

2小时初诊

初诊时，大家通常不清楚接下来的治疗会是什么样的流程。接下来，以我的诊所为例向大家进行简要说明。

1.填写门诊表（15分钟）

心理失调和其他任何一种器质性疾病一样，凡是去医院都需要填写门诊表。

本诊所的门诊表，需要填写的内容非常多，所以光是填写这张表大概就需要花费15分钟。

2. 接受预诊（30分钟）

正式诊疗之前，需要先接受预诊，也就是预先初步问询。

执行预诊的并不是医生，而是诊所里的心理师或是精神保健护士。他们会对患者进行一些基础性问询，比如："今天是因为什么来问诊的呢？"

虽然有时也会根据时间安排或患者的状态，直接跳过预诊或是将预诊延期执行，但原则上预诊是必备步骤。

最近有什么烦心事吗？工作、生活环境怎么样？家里都有哪些人？什么学历？都从事过哪些工作？等等。通过询问这些细小的事项，来了解、推测、判断患者经历了什么样的人生，又是因何而烦恼，陷入忧郁、焦虑的精神状态。

一般来说，预诊最少也要30分钟。

3. 正式诊疗（30分钟～1小时）

将门诊表和预诊的信息共享给医生后才会进入正式诊疗阶段。

在我的诊所，初诊时一般需要保证30分钟到1小时的时长来进行正式诊疗。如果是第一次来的患者，那么在预约时,就会被告知"整个诊疗过程需要花费2小时左右,请留出足够的时间"。

我想,这种做法也比较接近所谓的大学医院接待初诊患者的基本流程吧。

任何一家诊所的医生,都在大型综合医院接受过或长或短的研修。所以这套从填写门诊表到接受预诊,再到最后的正式诊疗,总共需要耗费2小时左右的流程,任何一位精神科医生都非常熟悉。

但是,倘若要问是不是每一家诊所都会严格执行这一套耗时2小时的初诊流程,答案或许大多会是"No"吧。

大多数诊所的正式诊疗可能最多也就15分钟。能够在正式诊疗阶段,耐着性子与患者交流1小时的诊所,应该是少之又少的。

不仅询问患者的症状,还要了解患者是什么样的人,现在又面临什么样的难题

对于接受诊疗的患者来说,要做好一定的心理准备:在治疗心理失调的过程中,会被问到家庭关系、生活在什么样的环境、现在又面临什么样的困境等很细节的东西。

单纯了解有关患者症状的故事,是不可能完成治疗的。患者是什么样的性格,又经历了什么样的人生,这些都是必不可少的信息。严格来说,患者的性格是诊疗过程中必须掌握的信息。

如果原本不是那种会为一些小事而耿耿于怀的人，现在却饱受心理失调之苦，从某种意义来说，这绝不是一个小问题。

相反地，原本就爱操心，容易焦虑，不善于表达自己的人，也许就会被诊断为典型的抑郁症患者。

无法保证诊疗时长的诊所的常见做法

接下来也向大家介绍一下，很令人遗憾但也极其常见的典型做法。

首先在初诊时，与医生的正式诊疗仅有15分钟。这样一来，患者就会产生一种"我还没有说清楚呢，诊疗就结束了，医生好像也不太爱听我讲"的想法。即便内心有很多疑问，但大多数患者也还是会抱着"医生毕竟是专业的，可能不需要听我讲太多就能诊断出来吧"的期望，不断地说服自己。

紧接着到了复诊的时间。无法保证诊疗时长的诊所，在复诊阶段，诊疗时间会一下子缩短到3分钟或5分钟。遇到这种情况，患者又一边说服自己，"可能恰巧这次诊疗时间比较短吧，下次应该就能聊15分钟或30分钟吧"，一边默默回到家中。

但是到第3次诊疗时，最常见的情形就是医生简单询问几句,"最近怎么样?""有没有什么变化?""没什么好转吗?那还是给你开点之前的药哦",然后草草结束诊疗。

事实上,如果要开处方的话,应该再问得细一些的,比如:"最近睡眠质量有改善吗?还是会经常醒吗?""一般来说,服药之后要过段时间才会有效果,所以我想您可能也还没有感受到明显的好转。不过,服药之后有没有什么不适啊?"

不懂得倾听患者心声的医生不是好医生

仔细地和患者交流这些与病情息息相关的事情,也是诊疗过程中必不可少的环节。

每次接受诊疗时,患者都处于高度紧张的状态,想说清楚自己的情况,也想听听医生的意见。有很多人还会特意把医生说的话记在手机的备忘录或是手账里。面对如此认真的患者，不进行充分的交流就草草结束诊疗，只会让患者心中的挫败感不断累积。

"不需要这个信息吗？要是连这个都不需要了解的话，那医生是根据什么来诊断我的病情，给我治疗的呢？"患者会产生这样的不安情绪，自然也在情理之中。

"1小时接待10名患者，那么每个人最长也就5分钟"

令人惋惜的现实是，1小时内接诊的患者数量是关乎诊所能否实现盈利的核心问题。

"要想保证营业收入，1小时最少需要接诊10名患者，这样每个人的诊疗时间就要控制在5分钟内。还是少说些多余的话了，不然时间就不够用了。"我想大概率是这种心理在作祟吧。

小贴士 ③

精神科的诊疗报酬制度决定了如果不能在5分钟内结束诊疗，诊所就很难实现盈利

即使保证了诊疗时间，也无法增加保险点数

为了维持诊所经营，如果不能把每位患者的诊疗时间控制在5分钟内，就很难实现盈利……之所以会形成这样的现状，很大一部分原因在于诊疗报酬支付制度[1]。

患者在精神科接受诊疗时，有一项名为"精神门诊治疗"的医疗项目。

但是，这一项目只分为诊疗5分钟以上和诊疗30分钟以上两大类。而这恰恰是所有问题的根源。不仅如此，诊疗时间在5分钟以上和30分钟以上的保险点数几乎没有差别。

也就是说，诊疗5分钟是"5分钟以上"，诊疗25分钟的保险点数还是"5分钟以上"，而且即使看诊30分钟、40分钟，它们的保险点数和看诊5分钟几乎没什么差异。换言之，诊所的收入也没什么变化。

---

[1] 日本采用"计点付酬"方式计算医疗报酬。具体地说，一家医疗机构的医疗行为要根据"诊疗报酬点数表"进行"评点"，再用每一"点"的单价乘以该医疗机构总的点数，就是该医疗机构可获得的总的医疗报酬。

所以，出于维持诊所经营的考虑，将每位患者的诊疗时间控制在5分钟内，从某种意义来说，也是必然结果。倘若根据患者的病情保证充足的看诊时间，也能累积相应的保险点数，那么应该就不会造成目前这种草草结束看诊的局面了。

不能等着政府修订保险制度

那么，精神科的保险点数为什么会是这样的标准呢？

据说保险点数制度自建立起至今，几乎没有什么大的改动。

比如，整形外科和眼科的门诊保险点数，相对来说算比较高的。

这两个科室接待的患者基本上是些仅需确认疼痛部位或有不适感的眼睛，就能做出相应的诊断结论——"给开点这个药吧"或是"不需要用药，过段时间就好了"。根本不需要一一询问患者的家庭情况、工作环境、睡眠情况等。

与之相对的，精神科的治疗必须了解哪些信息，要深入询问到什么程度才能保证治疗效果，等等，这些都很难有一个明确的标准。

因此，这种简单粗暴的点数制度就一直沿袭至今，5分钟结束问诊也变成了理所应当，最终受伤害的只有被疾病折磨的患者。

当初在建立医疗制度时，精神科没能引起日本政府的足够重视，或许也是形成这种诊疗报酬制度的原因之一吧。

回顾日本精神科的发展历史，过去习惯于让患者住院治疗，而且最常见的并不是心理失调，而是精神分裂症。结果，在日本如雨后春笋般涌现一大批精神科住院楼和住院患者，这种景象在世界各地都是极其少见的。

渐渐地，国家也察觉到不能任由事态继续发展下去，于是逐步干预精神科的管理，自那以后住院楼和住院患者才逐步减少。但大众受此影响，形成了一种住院才能治疗心理疾病的错误认识，即使心理失调等患者不断增加，错误认识依旧未得到改变。

在这样的大背景下，心理诊所发展前景一片大好，等回过神来时，全国的心理诊所已多达14 000家。另外，国家却为了控制医疗费用，全然没有提高心理诊所门诊保险点数的想法。

心理健康涉及方方面面，所以很难形成能够确保诊疗效果的医疗报酬制度。话虽如此，但我们不能消极等待诊疗报酬制度有所改变。那面对这样一个大环境，作为患者，如何才能更好地在心理诊所接受治疗，这恰恰是我想借本书传递的。

第3章

如何战胜疾病

Q. 07 第一阶段应该做些什么呢?

Ans. 简单地说,就是"无所事事,好好休息"。

因为已经身心俱疲,甚至引发了心理问题,所以首要任务是好好休息

之所以会出现心理问题,是因为工作量过大或人际关系不和谐等造成心理压力过大,从而引发大脑疲劳。

从神经科学的角度来说,心理问题源自血清素、去甲肾上腺素、多巴胺等神经传导物质的缺乏或枯竭。

身体首先会发出警告信号,提醒身体处于极度疲劳的状态。但是,大多数人都会对这种警告视而不见,继续咬牙坚持。随着时间的流逝,身体越发疲劳,当冲破极限时,心理问题就会逐渐显现。心理失调的发病过程大致就是这样。

在治疗的第一阶段,患者要做的就是好好休息。可就是单纯的休息,对很多人来说,也不是件容易的事。来我的诊所就诊的患者也是如此,即便听到医生说要好好休息,但其实根本不知道究竟该如何休息,也不懂怎样才算是好好休息。所以，我会要求患者在第一个月彻底休息。

不用起床，书、电视什么的也可以不看

当心理出现问题时，人们常常会感到浑身乏力，做什么事都没精神，只想躺着。

即便听医生说，"一直躺着也没关系"，患者也很难接受，反驳道："家里人都7点起床去上班了，我怎么可能一直躺着。"

"你现在的工作就是好好休息，让长期以来极度疲惫的身体和心理都放松一下。所以，能躺则躺，困了就睡。"我会这样劝说患者。

大家可以把这个阶段想象成在彻底清除心理和身体里的垃圾，也就是所谓的"排毒"。

总之，为了保证尽快康复，在最初阶段，我们需要保持"无所事事、游手好闲"的状态。

需要休息1～2个月。如果能做到彻底休息，也有可能提前结束第一阶段

听了医生的解释之后，想必患者又会产生"需要无所事事多久才行"的疑问。

我一般会告诉患者："1个月左右吧，最长也就2个月。"

同时，我还会补充道："如果能做到彻底休息，那这个时间也有可能缩短,但不能是嘴上说在休息,其实还在忙工作。"

经过这一番交流,患者就能接受了,回家就会拼命"无所事事"。

关键要点

- 因工作和人际关系等造成心理压力过大,从而引发大脑疲劳。
- 需要好好休息,但要想真正做到这一点,并不简单。
- 为了充分缓解身体和心理上的疲劳,可以尽量多躺着休息。
- 第一阶段的休息一般需要1~2个月。
- 倘若能做到彻底休息,也有可能提前结束第一阶段。

Q. 08 为了早日康复,是不是应该规律饮食、多运动啊?

Ans. 初期并没有规律饮食、多运动的必要,好好休息比什么都重要。

早起运动,反倒会加剧身体的疲劳和内心的焦虑,从而影响治疗效果

要治疗心理失调,首先就是让身心彻底放松,好好休息。一般来说,会出现心理问题的人大多比较认真严谨,所以倘若要维持规律的生活习惯,即使有一定的困难,他们也会咬牙坚持。

比如,就算晚上没睡好,早上也会硬撑着爬起来;到了中午即使犯困,也会坚持走两三万步;心里想着白天很累了,晚上应该能好好睡一觉,结果还是睡不着……就这样慢慢形成一种恶性循环,不断积累疲劳和焦虑。如此一来,就很难保证治疗效果。

在治疗过程中,也有医生会给患者建议:"正好借此机会调整生物钟,养成规律的生活习惯。早上沐浴清晨的阳光,晚上早早上床睡觉。"

但事实上，在治疗初期，对于患者来说，即便想要实践医生的建议也是心有余而力不足；而作为医生，就应该换位思考，站在患者的角度出谋划策。

几天不吃饭也没关系，不运动也无所谓

当人出现心理问题时，其体力也会随之下降。我会告诉患者："几天不吃饭也没关系，不运动也无所谓。"因为患者在这个阶段本身就没什么食欲，也提不起精神去吃饭。

我会告诉患者，如果一天能吃下去一顿饭，就已经算得上状态不错了。虽然听起来有些极端了，但我甚至还会说："人啊，一星期内不吃不喝，可能也不会饿死。人类的生存能力其实远远超乎我们的想象。所以，目前这个阶段，想吃的时候、能吃得下的时候就吃点东西，实在不想吃的话不吃也没关系。"

这个阶段，不论是薯条、碳酸饮料，还是其他什么东西，只要能吃得下去就都可以吃。什么要保持营养均衡，保证蛋白质、维生素、矿物质的摄入之类的完全不用考虑。用果冻、布丁等代替正餐也完全没问题，煮点面线也可以。总之，在这个阶段，随便什么吃食，只要能给肚子里填点东西就可以了。

要学会接受洗澡、上厕所是很麻烦的事

其实患者完全没必要思考要不要运动，因为在心理失调的状态下，就连洗澡都觉得吃力。

我会明确地告诉患者："现在也不用专门梳妆打扮出门和谁见面，所以没必要天天洗澡，完全可以隔几天洗一次。"厕所该去还是得去的，虽然大家可能连这都觉得麻烦。因为心理失调，情绪不佳，干什么都觉得麻烦，这些都是很正常的反应。

请务必牢记，在治疗初期，大家的首要任务就是接受自己现在什么都做不了，然后好好休息。

总之就是无所事事，好好休息

关键要点

- 在这个阶段，不需要维持规律的生活习惯。
- 几天不吃东西也没关系。能吃得下什么就吃什么。
- 不运动也没关系，也不用天天洗澡。
- 首要任务是接受自己现在什么都做不了，然后好好休息。

Q.09 在休息阶段都会遇到什么问题呢?

Ans. 腰腿乏力,体力变差,无法获得家人的理解和支持,从而产生不安和焦虑的情绪。

腰腿乏力,容易疲劳

可能有很多患者会担心,老是在家休息,大门不出,二门不迈,会不会有什么问题。我的答案是会出现腰腿乏力,体力变差的情况。

大家一定要改变认识,出现这些情况属于正常现象,这和患上器质性疾病住院治疗的病人没什么不同。为了治疗疾病不得不卧床生活时,肌肉等各项身体机能,包括体力都会有所下降,容易疲劳,甚至有人在拿东西的时候还会双手发抖。动作变慢了,人也变得容易摔倒了。

但是,等病好了,只要接受康复训练,这些问题都会一一被解决掉。所以我会告诉患者,先好好休息,等休息好了,把心理疾病治好了,再恢复身体机能。

很难获得爱人或同住的父母的理解和支持

倘若患者是独自居住，那么只要本人有意愿，相对更容易做到彻底休息。

如果是和爱人共同居住的话，患者要想好好休息，难度可能就比较大了。站在爱人的立场来说，丈夫或者妻子从早到晚什么也不干，就一直躺着，肯定会埋怨"到底打算游手好闲到什么时候"。

如果是和父母一起住，问题就更严重了。看到一把年纪的子女整天无所事事，父母估计是既担心，又觉得不像话，忍不了几天就会训斥道："别睡了，起来动动吧！"

遇到这种情况，我会建议患者携爱人或父母一同来诊所，或者由我通过电话亲自向他们解释，告诉他们对患者来说，目前最重要的就是好好休息。

每位患者的情况都不尽相同，但我始终会与患者一同商讨对策。比如患者是单亲妈妈或者单亲爸爸，我就会建议患者将孩子暂时交给信得过的人照顾，总之就是尽可能保证患者能够好好休息。

即便生气、愤怒，也别急着做决定，等以后再说

因为工作患上心理疾病的人，大部分都无法很快地从内心残留的愤怒情绪中抽离出来。

有的人受到了职权骚扰，在公司里遭遇了不公平的对待,等等,总会耿耿于怀,但我会对他们说:"这些事等以后再慢慢考虑吧。"

有的患者会提出:"我想去接受工伤认定,但是不知道应该怎么办。"我会说:"看来您真的是受了很多苦啊。我明白了,工伤认定的事先放一放,之后我们再慢慢商量,需要的话我也会尽全力帮助您的。不过现在我们还是先别去想这些,冷静一点,想办法放松心情,缓解疲劳吧。"

在这个阶段,诊疗的关键在于不急着得出结论。

辞职也好,把公司告上法庭也罢,先不要急着做决定,等以后再说。我并不是说让患者忘掉这些不愉快的事情,或是不帮患者出主意,我只是告诉他们,现阶段这些问题的优先级并不高,日后再从长计议。

等病情稳定下来之后,每个人的想法又都有所不同,有的人会彻底改变主意:"现在想想,那些事也没什么大不了的,无所谓了。"有的人还是坚持一开始的想法:"托您的福,我心里舒坦了一些,不过那件事我还是得要个说法,不能就这么过去!"面对后者,诊疗的下一步就要了解患者究竟想如何处理。

上半场战争的重点在于,战胜不安和焦虑

治疗初期,有很多人都反映:"天都快亮了,但就是睡不着,到了早上6点好不容易迷迷糊糊睡着了,到7点又硬撑着爬起来，看看报纸，试着坐到电脑前，可根本什么都看不进去啊。"

　　我并不会责怪他们硬撑着早起，我会重申休息的重要性："这样可不行，您要明白，您现在就算咬牙坚持也什么都做不了，这是正常现象。"不用想着一定要看看书啊，看看电视、视频什么的。现在看不进去，那么不看也没关系的。

　　试着做点什么，是下一阶段的任务，目前还只是准备阶段，所以不用执着于非得做些什么，好好休息才是第一要务。

　　心理出现问题的，大多是那些原本就认真严谨，想要早日回归社会、回到工作岗位的人。我也明白，越是认真严谨的人，越会为自己什么都做不了而感到懊恼，会为自己这样整天无所事事而焦虑，担心自己会就此堕落，变成一无是处的废人。

　　要将已经下降的心理健康值拉回到正常水平，其中的关键战胜不安和焦虑，实现自洽，坦诚地接纳自己。

　　克服焦虑的情绪，从某种意义上来说，也是一种放弃。

　　在和主治医生的交流、沟通中，亲身感受，克服不安、焦虑，找到正确的休息方法，这就是上半场战斗的核心。

不需要勉强自己去做些什么

关键要点

- 和那些因器质性疾病住院的患者一样，腰腿力量会减弱，体力也会有所下降。
- 但是要明白，这些身体机能后期都是可以恢复的。
- 不能获得爱人或共同生活的父母的理解也在情理之中。
- 由医生出面解释说明，或是分开住，总之就是想办法做到彻底休息。
- 即使心里还有愤怒，也不要急着在这个阶段做决定。
- 将心理健康值拉回到正常水平的关键在于如何战胜不安和焦虑，实现自洽，找到正确的休息方法。

Q.10 状态好的时候,是不是可以回复工作邮件?

Ans. 最好不要去查看邮箱或者群消息。现在进入工作模式还为时尚早,所以还是不要去查收邮件。

也许有人会想着,要是状态好一点的话,工作邮件之类的还是可以回复一下的。但我还是希望大家不要过早地进入工作模式。

不要去查收邮件,工作群也要屏蔽掉

我认为,为了保证患者能好好休息,要跟公司的负责人,必要时甚至还要和网络或信息安全部门事先做好沟通。委托他们通过技术手段,避免患者查看工作邮件,并暂时将患者移出工作群。总之就是让患者不能收发任何有关工作的信息。

不然的话,大家即便明知自己在休假,也会忍不住去查收邮件,所以要从客观条件入手,让他们即使想看也看不到。

一旦开始干家务或忙工作,就会和以前的自己做对比,会产

生挫败感

即使感觉状态比较好,患者也还不能急着恢复社交或做些什么。

比如,有的人平时喜欢做饭,所以在休息时想给家人做顿饭,我建议最好打消这种想法。很多家务活都是需要仔细规划的,不管有多喜欢,家务活本身就是一项难度很高的作业,也容易造成身心疲劳。而且过去原本能做到的事,现在做不了或是做不好的话,反倒还会打击自信心。

最能威胁到自己的,恰恰是以前的自己。过去雷厉风行,现在却什么也做不好。然后就会想着,"我果然是个废人,充满了挫败感"。

干家务、翻阅所谓的职场必读书籍等,都为时尚早。不过大家可以尝试着先从随手翻阅杂志、大众文学、漫画或是看视频及外出散步等不需要耗费过多精力的小事开始。

关键要点

- 不要急于进入工作模式。
- 事先进行相关设置,确保无法浏览公司邮箱、LINE等。
- 做家务、忙工作等,会打击自信心。
- 可以先从翻看杂志、看视频等不需要耗费过多精力的小事开始。

Q.11 如果能做到彻底休息，会怎么样呢？

Ans. 会促进神经传导物质的分泌，心理状态会慢慢开始有所好转。

如果能保证充足休息，放松身心，会促进原本缺乏的神经传导物质的分泌。血清素、去甲肾上腺素、多巴胺等都会慢慢增加。

具体来说，随着身心的放松，神经传导物质由起初近乎枯竭的状态开始恢复，再加上药物的作用，逐步发挥其效用。看了下面这张图，想必大家就能明白随着时间的流逝，病情是如何一步步好转的。

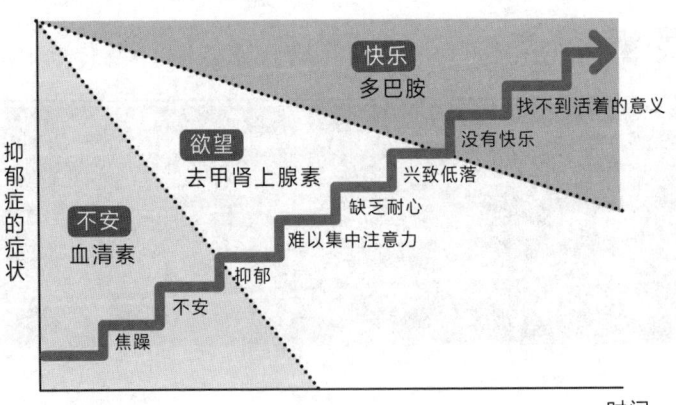

抑郁症的症状 ↑

- 快乐 多巴胺 — 找不到活着的意义 / 没有快乐 / 兴致低落
- 欲望 去甲肾上腺素 — 缺乏耐心 / 难以集中注意力
- 不安 血清素 — 抑郁 / 不安 / 焦躁

时间 →

治疗初期的目标是改善因缺乏血清素而引发的不安和焦躁等症状；紧接着，改善因缺乏去甲肾上腺素而引发的兴致低落等症状；最后改善多巴胺分泌不足造成的没有快乐的欲望等症状。

只要患者好好休息，并借助药物的作用，就能逐步促进神经传导物质的分泌，从而缓解抑郁症状，慢慢恢复正常。

如果能做到彻底休息，大概1个月后，患者就能明显体会到精神状态有所好转——"感觉精神好了很多，原来好好休息是这样的效果啊，现在应该不会像以前那样总是胡思乱想了"。

这就意味着已经接近第二阶段，可以开始进行一些心理上的"热身运动"了。接下来，我们就可以慢慢开始做一些自己喜欢的、力所能及的事了。

关键要点

- 只要好好休息，就能缓解神经传导物质分泌不足的问题。
- 治疗初期的目标是改善不安、焦躁等症状。
- 治疗中期的目标是缓解兴致低落等问题。
- 治疗后期的目标是改善缺乏追求快乐的欲望等症状。
- 进入第二阶段，就能开始心理上的"热身运动"了。

Q.12 第二阶段是什么状态呢?

Ans. 休息够了,可以一点点拾起以前的爱好了。

当休息够了的时候,就会产生想要做些什么的想法

在第一阶段保证充足的休息,是进入下一阶段必不可少的关键步骤。

也许听起来有点奇怪,当你休息好了的时候,会感觉休息腻了。

"无所事事"得腻了,就会觉得"我已经休息够了",与此同时,情绪的活跃度也会有所上升。当患者有这种感受时,就证明已经进入下一阶段了。

到了第二阶段,就会产生"要不做些什么""要不试着再做做以前的事"的想法。

所以我也会告诉患者,就当作心理上的"热身运动",可以把时间花在以前喜欢做的事情上。

不要逞强,一点点慢慢开始,集中力和持久力也会随之恢复

漫画也好,视频也罢,可以让它就那么放着,故事情节什么的看不进去也无所谓,哪怕只是听声响也没关系。

一开始,即使是不需要太耗费精力的活动,坚持30分钟也会觉得很累。所以,只坚持很短的时间也没关系,只能做一点点也没关系。

每个人的情况都不尽相同,比如有的人会说"医生,今天我看了47分钟电视"或者"今天看了80页漫画"。

这时,我还是会提醒患者:"是不是有点过量了?现在还不能逞强坚持哦。"

这一阶段,大家才从完全静养开始逐步恢复,就像从水底刚回到陆地一样。所以,不管是站在陆地上还是趴在陆地上,都无所谓。

第二阶段的初期,一定要时刻谨记,还不能逞强。

在第二阶段,当大家开始做些什么的时候,集中力和持久力也会慢慢恢复。

看电视剧、电影时,可能一开始那些剧情还是看不进去,也没办法共情;但慢慢地,就像渐变色一样,对剧情的理解、与人物的共情,都会恢复。

需要注意的是,这个阶段还是要保持远离任何有关工作的邮件、聊天、电话等。

到了这个阶段,每个人恢复的过程以及时间长短,都不尽相同。

话虽如此，但总体来说，第二阶段一般需要1个月到3个月。

到了第二阶段后期，集中力、持久力都会有显著提升。

这时候兴趣爱好可以重拾起，以前喜欢做的事基本上能做到，也能自己做饭了。

睡眠也会有明显好转，以前白天都能睡12小时或者1天总共能睡15个小时，现在也逐步形成了规律的生物钟——"最近，早上7点多就能起来了"。

关键要点

- 第一阶段得到充足休息后，会感觉休息腻了。
- 当产生想做点什么的想法时，就证明已经进入第二阶段了。
- 可以重拾以前的兴趣爱好，但不能逞强。
- 开始做些简单的事情后，持久力和集中力也会慢慢恢复。

Q.13 第三阶段是什么状态呢?

Ans. 产生想要重新工作的欲望,可以准备重返职场。

人类原本就会重新燃起想要工作的欲望

到了第二阶段末期,精神状态、生活节奏都会有明显的恢复。

"医生,我昨天熬夜玩了5小时的网游。"

"我老早就做好准备,一大早就起床看了中谷选手大联赛的直播。"

慢慢地,整天无所事事的时间变短了,也能外出散步和进行其他活动了,该是时候让患者恢复以前的工作生活了。

当然了,在这个阶段,患者也会产生重返职场的想法。

在第二阶段,大家只需要做自己喜欢的事就足够了。也许有人会认为能这样过一辈子就太好了,但现实并非如此。

人类,天生就很认真,具备意图回到过去的惯性。

所以随着精神状态的恢复,自然而然地就会想到"是时候回去工作了"。

开始从停职平稳过渡到复职的"复健"

是否进入第三阶段的判断标准在于有没有产生一定的欲望。所以来确认一下工作的欲望、生活的欲望是不是已经恢复了吧。

第三阶段,患者可以开始做一些重返职场的准备工作。这里的重返职场,指的是结束停职生活的"复健"。

复健的定义非常宽泛,但首先能想到的是白天按时起床,可以承受一定程度的作业负担。比如,早起洗漱,吃完早饭之后,先坐到桌子前。哪怕只是上网搜索感兴趣的新闻、网站也可以。关键在于先做出在工作的姿态,营造在工作的氛围。

医疗机构、就业过渡支援[1]、继续就业支援[2]事业所等中介,也有可以帮助大众重返职场的相关机制,帮助大家重新找到工作。还有有关应对压力的方法、人际交流等学习机制,当事人可以根据自己的具体情况接受相应的支援。

是否需要借助这些机构的帮助,取决于病情恢复的上升曲线。

越到治疗后期,每个人的恢复速度、状态越不同。达到

---

1 原文为「就劳移行支援」,为就业困难者提供的支援服务,提供就业所需要的知识和技能培训。
2 原文为「就劳继续支援」,为因残疾或疾病无法在一般企业或事务所就业的人提供福利的制度。

一定水平,能够做一些重返职场的准备工作,但是恢复速度较慢的人,可以利用这些机构稳步地准备重新返回工作岗位。

相反地,到了后期恢复速度比较快的患者,可能就不需要这些机构的援助了。

另外,要接受这些机构援助,必不可少的就是时间。这些机构的各项机制,需要的时间不能以天为单位计算,以月为单位来考虑会比较稳妥。

如果患者就职的公司批准的停职时间绰绰有余的话,寻求这些公益机构的帮助或许才比较现实,否则就比较困难了。

从保证治疗效果,让患者彻底恢复的角度来说,我也希望能有更多的人可以通过这些机构顺利回到工作岗位,但现实情况是大多数人不具备这样做的客观条件。

关键要点

- 到了第二阶段末期,患者可以完成很多事。
- 同时,也会产生重返工作岗位的想法。
- 如果有了想要工作的欲望,那么就可以慢慢开始准备重返职场了。
- 有一些公益机构会为大众返回工作岗位出谋划策、牵线搭桥。

Q.14 如何理解并接受长期休养这件事呢?

Ans. 要明白,休养并不是做无用功,而是在学习如何才能活得更轻松一些。

为自己长期休养而感到抱歉、愧疚时

停下来休养的这段时间,对自己来说究竟算什么呢?这或许是很多人的心结。

"因为已经心力交瘁了,所以停下来,好好休息,蓄积能量,慢慢恢复。"

这是一个答案。

但是,单凭这个答案,大多数患者还是不能完全接受。

到了第三阶段,患者又会想到,"话说回来,我还是脱离了社会一段时间",重返职场,和过去一样跟家人生活,不知怎的总感觉很抱歉,也会担心是不是已经没有立足之地了。

这时,我会这样问患者:

"那你觉得,这次的休息在你的人生中起到了什么样的作用呢?"

为了将其定位为有意义的时间

患者从第一阶段起，过的就是无所事事的日子。

但是，并没有人是真的放空一切，无所事事，大部分人都会借助这段时间回顾自身。

每天都会有各种想法萦绕于心。比如，"我怎么就变成这样了呢？""是不是当时不应该接下那份工作呢？""从以前开始，这种倒霉的事就总会落到我身上"。

在第三阶段，我会选择和患者一同确认，什么样的关键词让人耿耿于怀。

我会告诉患者，倘若只是单纯的休息，让自己在公司、家庭中所承担的责任出现缺失，给大家添了麻烦，这听起来就让人很伤心。

当初遭遇职权骚扰，引发心理问题，无法正常工作；如果重新回到工作岗位，要是再次发生同样的问题，那这段时间的治疗岂不是没什么用了。

虽然这次休息的时间不长，但正是因为在这不长的时间里好好休息了，所以你才会想要赋予这段时间一定的意义，不是吗？

除此之外，我还会提出很多问题来引导患者回顾自身。比如：

"之前什么样的事情容易让

积极看待这段经历

你愁眉不展呢?"

"什么样的事情会让你感到精神崩溃呢?"

"以前是不是特别在乎周围人的想法呢?"

"是不是对自己过于严格了?"

如此一来,患者也会主动分享自己的故事:"从小父母就告诉我要做个听话的乖孩子,我生怕让父母不开心。长大后进入社会,我又会不自觉地在意周围人的目光,现在想来我始终带着自卑感在生活啊。"

那么接下来患者自然而然就会想到应该如何做出改变。

这样一来,这段时间的休养在患者心中就不再是无用功了。我希望大家要理解,正是因为这段时间的休养,才让你的心灵重获自由,学到了怎样才能活得轻松、自如。

关键要点

- 如果只是休养后重新恢复正常生活,那么你就会心怀歉意。
- 在休养的过程中,回顾自身。
- 在自省时哪些关键词会引起你的注意。
- 思考接下来应该怎么做。
- 休养并不是做无用功,正是因为休养,你才学会了如何才能活得轻松、自如。

Q.15 第四阶段是什么状态呢?

Ans. 依据公司的相关制度,为重回工作岗位做准备。

公司的复职标准是什么?

如果患者在第三阶段能够适应与过去节奏相近的生活方式,那么复职就近在眼前了。

这时,主治医生也会释放从停职到复职的信号。

每家公司对于复职的标准、要求都是不同的。

有的公司可以接受员工从练习通勤开始,有的公司却明确要求必须保证每周五天全勤,否则不批准复职。

所以主治医生必须在深入了解患者所在公司的相关制度的基础上,谨慎地出具复职诊断书。

"看你已经好很多了,可以复职了。"如果在出具诊断书时如此轻率,那么很有可能会造成患者病情反复。

对于好不容易回到正轨的患者来说,重新回到工作岗位时,如果一开始就被要求保证每周五天全勤,那可以说是非常大的打击了。

如果复职时被要求保证五天全勤,那么从做复职准备的阶段开始,患者就要接触一些接近于实际业务的工作,提前打算,多做准备,或者从和公司同事沟通交流开始,抑或是重新开始浏览工作邮件、工作群的信息。

如果不是居家办公,而是要求到公司出勤的话,那就需要在停职期间做一些通勤练习等准备工作。

究竟是可以从练习通勤开始呢,还是刚复职就要保证每周五天全勤?

一开始,光是去公司都是件很辛苦的事情。所以建议从每周三天,即每周一、三、五去公司打卡,然后就立马回家开始。

第一个周一,走到公司门前然后就转身回家,这样就已经累得像一摊泥一样,一觉睡到半夜。这种情况可以说是非常常见了。因为光是靠近自己曾工作过的公司,就会觉得忐忑不安。

倘若跳过这些准备工作,直接开始每周五天全勤,那肯定是不行的。虽然我知道有的公司就是这样要求的。

举个例子,有两名患者的精神状态基本相同,但就职于不同的两家公司,A公司主动提出"那就先从练习通勤开始,慢慢恢复正常工作吧",那么想必在主治医师开具复职诊断书之后,只需短短几天,该患者的停职期就能结束吧。

反之，B公司明确要求必须保证每周5天全勤，否则不接受复职，那么这名患者要结束停职期大概要在几周之后了。

在正式复职之前，必须提前开始练习通勤，模拟工作体验，和公司同事沟通交流等前期准备工作。比如，可以先和那些比较好沟通的同事聊聊公司和部门最近的情况。

受公司制度和公司处理方式的影响，也有可能无法回到原来的工作岗位

倘若公司不能灵活地调整停职期的长短，那么患者就有可能无法回到原来的工作岗位。遗憾的是，我也见过很多类似的情况。

如果从患者开始停职到准备复职，主治医生都能始终陪同在他们身边，那么肯定就会和患者一同考虑，究竟是继续回到原来的工作岗位，还是换一份新工作。

即使公司的制度对停职期的长短有明确规定，但倘若公司负责人能酌情考虑，灵活处理，那么我想应该很少有人会考虑跳槽吧。

如果必须在公司规定的停职期内复职，但是从患者的病程和恢复情况考虑，很难满足公司的要求，那么就不得不选择换家公司了。

主治医生需要在治疗初期就询问患者所在的公司有关停职的规定和要求

主治医生应该在治疗初期就问清楚,患者所在公司究竟规定可以因病停职几个月。比如,公司制度允许停职一年半,那么就可以自信地告诉患者:"用不了一年半你就能恢复,所以停职期完全够用,接下来就踏踏实实地好好治疗吧。"

不过,有时也会是另外一种情况。

"只有2个月啊,那我来和职业健康医师,还有你们公司的负责人好好谈谈吧。公司的制度确实有些过于苛刻了,短短2个月怎么可能完全恢复。我先和相关负责人积极沟通一下再说吧。"

关键要点

- 每家公司对复职的要求都不尽相同。
- 要顺利回到工作岗位,需要从练习通勤等开始。
- 如果公司要求停职期结束就恢复每周五天出勤的话,那么前期就需要做足准备工作。
- 主治医生应该在治疗初期就确认清楚公司的制度允许患者停职多长时间。

Q.16 要复工了,总感到惴惴不安,会顺利吗?

Ans. 时隔好几个月,重新回到原来的工作岗位,任谁都会忐忑不安,也会耗费大量的精力,这的确是一件很辛苦的事情。要明白,这种情绪是谁也左右不了的,要学会"正确地恐惧"。

正确地恐惧,不逞强,不坚持

即使停职期结束,重新回到了原来的工作岗位,并非就万事大吉了。

一开始,每个人都会小心翼翼。回归久别的社会,再次见到以前的同事、上司,会感到局促不安,也不知道接下来会发生些什么。

不仅如此,患者重新回到工作岗位后,会焦虑、不安,同时也会消耗大量的精力。

在这种状态下,倘若心里想着,"没事的,我已经痊愈了,不会再出现同样的问题了",意图逞强坚持时,请一定要记得:这种想法本身就证明你还没彻底痊愈。

如果继续逞强坚持的话,其结果或许就是病情复发。

总而言之,大家有必要学会正确地恐惧。虽然听起来像是在诡辩,但是如果你能学会正确地恐惧,或许就会发现,复职本身并不是一件多么可怕的事情。

因为不知道什么时候会发生些什么，所以无论如何，都要打消逞强坚持的想法，这就是正确地恐惧。

我会用掌握好刹车和油门的平衡，或者遵守限速规则之类的例子向患者进行说明。

因为在这段时间，患者已经很好地反思、理解了自己，也懂得了要爱惜自己。

"虽然已经痊愈了，但人的能力都是有限的，想必现在你应该已经明白这一点了吧。"听到我这样说，几乎所有的患者都会回答道："是的，也许将来也会遇到很多困难，但我想我不会再像以前那样逞强坚持了。"

职场上讨厌的人，还是那么讨厌，那就改变心态，明白这是一种"无可奈何"

举个例子，再次回到工作岗位，还意味着要再次和一切痛苦的元凶——讨厌的同事或上司打交道，这时或许又会唤醒以前的情绪。

讨厌的人，可能还是那么让人讨厌。虽然我们无法改变对方，但是我们可以改变自己。我们可以改变心态，从一定要和对方搞好关系的"务必式思维"，变成无可奈何的"摆烂式思维"。一笑了之，想着"事已至此，就这样吧"，就刚刚好。

能改变心态，明白人际关系不和谐也无所谓，恰恰就是正确地恐惧。

我们的目标并非让不顺心的人或事变得称心如意。既然不顺心，也无法改变，那么就要学会放弃。适时放手也是一种获得。

追求无限靠近完美剧情，始终想着"一定要……"，就是在勉强自己，在压迫自己。

不要想着已经治愈了就逞强坚持

正如前面所讲到的那样，如果能扎扎实实地完成每一个阶段的治疗，那么正常情况下，就不会再次出现同样的心理问题。

治疗本身被简化，或者患者其实并没有完全恢复的情况并不少见，所以患者在正式复职后，精神状态再次恶化，也是可以想象的。

如果再次出现心理失调的症状，还是建议大家一定要及时去诊所寻求专业医生的帮助。

希望大家一定要记住，无论如何都不要想着"自己应该已经痊愈了"，就逞强坚持。

关键要点

- 回到原来的工作岗位，会感到忐忑不安，也会耗费大量的精力。
- 学会正确地恐惧，就不会再恐惧复职。
- 要始终记得，自己的精力、能力是有限的。
- 讨厌的人，还是依旧招人烦。
- 要转变心态，学会适时"摆烂"。
- 如果出现心理失调的相关症状，不要咬牙坚持，一定要及时去诊所寻求专业医生的帮助。

经验之谈 ①

玉子（化名，43岁）女士　就职于IT外企
"你一定会好起来的"——被这句话支撑着

跳槽时的面试是在线上进行的，不用与任何人见面，就开始了新工作

　　我是2021年2月跳槽到现在这家公司的。只能在前任进入带薪假之前的两周时间内完成工作交接。时间非常短，要交接的内容又很多，那段时间可以说是忙得不可开交，而且整个过程还是在线上进行的。

　　受新冠疫情的影响，我的入职面试也是在线上进行的，没去过公司，更没有在线下和公司的同事见过面。我只知道同事长什么样，他们的身高、胖瘦什么的一概不知。即便如此，人际关系依旧是个令人头疼的难题。因为是居家办公，所以根本不能像在办公室那样，不经意间听到其他同事的对话，然后猜测"噢，原来他们负责的是那些项目啊"。

读小学的儿子，因为受到霸凌，也不愿意去学校和托管班

　　就这样，我入职了新公司。结果在那之后没过多久，儿

子就升入小学，开始读一年级。

因为幼儿园在育儿方面给父母减轻了很多负担，所以我以为小学也会如此，但没想到小学和幼儿园截然不同。

我也从那些坚持工作的妈妈嘴里听说过所谓的"小学一年级的壁垒"有多么难搞。

在上小学之前，我的儿子上了三年幼儿园。

到了小学，一整天都要乖乖坐在椅子上，这对孩子来说是一件非常痛苦的事，然后儿子就闹着说不想去上学。

有一天，我带儿子洗澡，在给他搓背时我才发现，他的背上有一道长达15厘米的淤青，我立马问道："这是怎么回事？"结果儿子说是在托管班被朋友用脚踢的。

我去找了儿子学校的班主任，得到的回复竟然是："那是在托管班发生的事，所以请您去找托管班的人吧。"我一时慌了神，不知道该去找谁商量。

最后，我只能选择不让儿子再去托管班，让他在学校放学之后就直接回家。

我当时天真地以为，牺牲一些睡眠时间也没关系

工作比我想象中还要难以适应。这时候，被牺牲掉的就是睡眠了。孩子睡着之前，我得一直陪在孩子身边，等晚上9点左右把孩子哄睡之后，还要接着做白天没有完成的工作。凌晨一两点忙完工作，我才会上床睡觉；到了早上6点又要起床。

工作上有什么不懂的，也不能像在办公室里一样，转头问问旁边工位上的同事："不好意思，这个应该怎么弄？"

如果遇到什么不会弄的，就只能翻翻和前任交接时的笔记，或者一边播放前任讲解时录的视频，一边硬着头皮往下干。这种做法的缺点就是效率特别低。但心理上总觉得只要想办法肯定就能办成，所以我果断选择了牺牲睡眠。

听说前辈"只睡三个小时"，就想着"我也可以"

其他部门的前辈说："之前，我的上一任要辞职，当时交接工作也只有两周左右的时间，那个时候，我每天大概只能睡三个小时。"

于是，我就天真地以为这是正常现象。（笑）我以为这家公司就是这个样子的，于是默默地接受了这个现实。然后，我就想着肯定也能像前辈那样，理所应当地牺牲了自己的睡眠时间。

现在回想起来，当时或许是不愿意承认自己做不到吧。

我执拗地告诉自己，毕竟是在美资企业，必须得尽快做出点成绩，让公司的同事都看看"我是可以的"。结果，不知从哪天开始，凌晨1点到早晨6点我根本无法熟睡，一晚上要醒来好几次。即便睡着了，醒来之后大脑还是和睡前一样疲劳，就像没睡着过一样。

持续出现拉肚子和恶心呕吐问题，最终在线上会议时放声大哭

出现睡眠问题之后，我便开始了自我催眠——"我一定可以的""可能我本来就是短睡眠者"。

看起来好像是睡觉了，但实际上大脑依旧处于运行状态。

慢慢地，居家办公时，我连午饭都吃不下去了。如果不觉得饿的话，晚上也基本什么都不吃。但事实上，正是这样不规律的生活习惯把胃给搞垮了。每次都是要开始工作了，就觉得肚子痛，有时一天要拉三四次肚子。

不仅如此，我开始持续出现恶心反胃，甚至呕吐的症状，但其实压根儿都没吃东西，胃里空空如也。

整个人的情绪也变得很沉闷，一点鸡毛蒜皮的小事都能让我很焦躁。结果，某一天经理不满意我做的资料，要求我重做时，我竟然"哇"地放声大哭起来。经理吓了一跳，但还是体贴地帮我找了职业健康医师咨询。

"给你预约了职业健康医师，要不试着和医生聊一聊？"

职业健康医师说："去过这家诊所的人最后都痊愈了。"

在和职业健康医师M的交流中，我说："可是，我觉得自己很正常啊。"

结果，医生却说："你对着运行缓慢的电脑询问'你还好吗？'，电脑肯定也会说自己没事的。"

这句话给我留下了非常深刻的印象。

"所以啊，山田女士，当一个人像自言自语似的询问自己时，即便得到的回答是没事，也不过是因为内心的潜台词出问题了而已。"

听医生这样一说，我才恍然大悟："是啊，的确是这样啊。"

紧接着，M医生就给我推荐了尾林医生的诊所："这个医生真的特别厉害。去过这家诊所的人最后都痊愈了，无一例外。"

一开始，我还有些半信半疑："真的假的？！说得这么夸大其词。"

心理疾病怎么可能简单到只是去诊所接受门诊治疗就能治好，在我看来，这是基本的常识。所以我当时一心以为，"M医生肯定是看我情绪不太好，才说这些话来安慰我的"。

尾林医生的诊所在四谷，从我家到那里要花费1小时以上。因为我连预约都觉得麻烦，所以一开始并没把M医生的推荐放在心上。

又过了一段时间，我只要坐在笔记本电脑前，眼泪就止不住地流；开会时也不愿让同事看到我的脸，更不愿发言；腹痛也越来越严重，需要不停地去厕所，根本没办法正常工作，这时我才意识到问题的严重性。

于是，我急忙预约了尾林医生的诊所。不过，那时候距离我和M医生谈话已经过去一个月了。

尾林医生就像家人一样平易近人，所以我哭泣着吐露了自己的心声

尾林医生和我想象中的精神科医生完全不同。在等候室时，我的心紧张得就像要跳出来似的。结果在走进诊疗室的瞬间，整个人都感觉放松了许多。

感觉诊疗室里坐着的不像是医生，说是像家人或许有些夸张了，但确实没有任何距离感，特别平易近人。于是，我便哭泣着吐露了心底的郁闷、焦虑。

尾林医生耐心地听我哭诉，然后温柔地说道："山田女士，并不是你不好。只不过你现在是这样一种精神状态而已。"听到医生这样说，我真的很开心。

我整个人都豁然开朗了，也接受了自己出现心理问题的现实："原来如此，我总是感觉很难过，眼泪扑簌簌地往下掉，心想要是明天的太阳不会升起，明天不要到来就好了，有这些情绪只是状态不好啊。"

听到我计划每周继续工作三天到四天的想法之后，无论是尾林医生还是职业健康医师M都劝我最好直接停职，彻底休息一段时间。

我仔细想了想，医生说得确实没错，就算把工作减少到每周四天，也不能保证眼泪就不会再流个不停，腹痛的问题也不一定会消失，所以我决定采纳医生的建议，向公司提交了停职申请。

医生让我停职休息，但我根本不知道到底该做些什么

在那之前，我每天都是早上9点准时开始工作，但是突然就放下手头所有的活，进入了休息状态，一时还有些不太习惯。

我对支援我工作的派遣员工说："公司让我在家休息，不过咱俩还是要继续保持联络哦。"结果，她却说："经理不让我和您联系，他这样要求是因为暂时不想让您去想工作的事。"我这才明白，看来我这下是完全没法工作了啊。

但话说回来，大家都让我休息，可我还真不知道应该做些什么。（笑）尾林医生让我"无所事事"，可"无所事事"到底是什么？

白天家里只有我一个人，原本想着要不要看看书，结果根本看不下去。眼前就像蒙着一层灰蒙蒙的膜似的，目光只是机械般地滑过一行行文字，可大脑却空白一片，什么都看不进去。

我想，这或许也是抑郁症的症状之一吧，毕竟工作的时候也是如此，大脑根本不转，效率也越来越差。

既然什么都干不了，那就吃了药睡觉吧，便睡下了。

刚开始休息的第一周，我还很迷茫，不知道究竟该如何休息。一开始，受药物的影响，我出现了严重的恶心呕吐和眩晕的问题。

到了第二周，渐渐地习惯了药物，睡眠质量好了很多，能一觉睡到早上。

刚开始，晚上把孩子哄睡之后，我还要忙活好一阵才会去睡觉。因为我觉得要是立马睡觉，就像是输了一样，也担心会不会以后就此彻底丧失工作能力，记忆力是不是也会更差。但是，只要吃了药就会特别困，所以这些"小心机"也泡汤了。

白天也要睡很久，晚上哄孩子睡觉，自己也会一起睡到早上才起

晚上9点哄孩子睡觉的时候，我不再像以前那样惦记着忙自己的事，而是直接和孩子一起睡，一觉睡到天亮。然后，中午继续接着睡，整个人游手好闲，无所事事。总之就是和床变得亲密无间。（笑）

白天也是，早上把大家都送走了之后，瘫倒在沙发上，闭目养神，不知不觉中就睡着了，这样的日子越来越多。

外出后回来也是一样，吃过午饭无事可做的话就又会去睡觉，总之过的就是这样的日子。

因为被迫与工作完全隔离开了，所以也没有其他什么事可做。如此一来，多了很多和自己相处、确认自己状态的时间。

开始将注意力转移到自己想做的事情上

之前并不太重视对自己的关怀，我往往只会在心里默默问,"今天也还好吗?嗯,勉强算还好吧",便草草了事。

不过慢慢地,我开始学会将注意力放到自己身上,比如:"今天还是有点犯困啊,早上都有点起不来,到了该吃午饭的时间了,不过今天不想做饭了,就吃点吐司吧。"

之前我习惯了一有时间就喝水,补充水分,心想只要营养充足,就不会有问题。到了12点,就得赶紧利用接下来的1小时吃点东西,但是又不能离开电脑前,害怕自己一旦离开了就会遗漏掉什么重要的事,或者是弄错什么。

刚进入这家公司时,我一心想着要在最短时间内掌握工作内容,做出成绩给大家看,所以午餐总是用泡面应付。慢慢地,我连烧水泡面都觉得麻烦,就吃点孩子早餐吃剩的面包,或者手边有什么能充饥的东西就随手塞进嘴里。

在停职休息之后,要说学会了和自己对话,或许有些夸张了,但也慢慢开始尝试着问问自己:"今天感觉怎么样?"

因为好像除了这个之外,也没有什么其他事可做。

食欲也有所恢复,也开始尝试着自己做饭

在学会关注自己之后,食欲也有所恢复,慢慢地会想要主动去吃点自己想吃的,比如今天不知怎的,就想吃乌冬面;今天想吃块巧克力;之前早上都只喝红茶,今天要不喝点茉莉花茶。或许也可以说是我能听到自己的心声了吧。

除了听见自己的心声之外,我也学会了听从内心,比如

"好，那就泡点茉莉花茶吧""那就赶快烧点水"。"原来我想这样做啊""既然这样想做，那就做吧"，我学会了在内心深处进行这样的对话。

如果买到了好吃的面包，我就会想到要不中午切点洋葱，再放点金枪鱼，做个三明治，给自己弄得还挺丰盛。（笑）

"今天还挺冷的，就吃火锅吧"，这些需要稍微花一点时间的料理工作慢慢地也重新做起来了。

现在回过头想想，之前忙碌到牺牲睡眠时间的时候，眼泪止不住地流的时候，满脑子想的都是"得把孩子照顾好""现在必须先把工作做完""还没忙完呢，还不能睡觉"。

结果，想吃点什么啊，困了想睡觉啊，想看看书啊，想出门走走啊之类的，完全没有这些欲望，也听不到自己内心真实的声音。

我想，或许并不是听不到内心的声音，而是在压抑自己吧。休息了五六周之后，又有了些新的变化。

感触特别深的是，我发现了"原来我也有自己想做的事，想吃的食物，想喝的饮料啊"。

"我是真实存在的，能发出声音，也有精神了。"

我就像一株植物的嫩芽一样破土而出，这在放下工作，彻底休息之后让我感触特别深。

蒙在眼前的那层膜，突然就消失不见了

　　睡眠问题有所改善后，整个人也有精神了；有食欲了之后，感觉状态更好了。之前覆在眼前的一层膜，就像滴过眼药水一样，突然就不见了，一下子豁然开朗。

　　于是我想着，或许可以试着看一些内容轻松的短篇小说。因为是短篇小说，所以每篇文章篇幅都不长，读起来也有成就感，读完一篇还能接着读下一篇，感觉进入了一个良性循环。

　　紧接着，我也有了抬头看看天空的从容。之前接送孩子的时候，我总是习惯于向下看，想着早点回家去忙工作，所以每次都是大步流星地走回家。既然以前都是向下看，那么现在就试着抬头看看。（笑）

　　对我而言，这是一个非常大的转变。因为之前我压根儿都不知道自己的视线一直都是向下的。

　　但是，当抬头看看天空之后，我慢慢地也感受到了季节的变化——路边的植物上周还是个小花苞呢，今天突然就开出了粉色的花。我感觉学会了见证世界的变化。

为了回到原来的工作岗位，开始每周三天做一些准备性的工作

　　真是太好了。托了"无所事事"的福，整个人的状态都变好了，真是让我太开心了。

　　大概两个月后，我主动向公司提出，"可以的话，我想慢慢开始恢复工作"，然后从第二个月开始我就以每周三天、无加班的前提条件回到工作岗位了。

一开始听我主动提出恢复工作，经理还有些许吃惊："咦？这么快就好了吗？"

但是经理没有直接让我重新接手原来的业务，而是给我安排了些辅助性的工作——"公司马上就要开始一个新项目，你先去配合一下新项目的前期筹备吧"。

虽然感觉像是为了一点点回到以前的工作岗位的准备，但是我猜，经理是想让我像"复健"一样慢慢找回以前的工作状态。

学会了妥协——"实在是做不到，那就算了吧"

以前手头上积攒了很多工作时，我心里总会想着："这个也弄不好，那个也完不成，我可真是太差劲了。"

在经过一段时间的休息之后，或许也是从少量的辅助性工作开始逐步回到正常工作模式的缘故，一边想着"这个也能完成，那个也做得还不错，好像找回以前工作的感觉了"，一边觉得这几个月过得真的很有意义。

不管遇到什么事，心里始终都只有一个念头："不过就这么回事嘛。"

等回过神来才发现，经过这段无所事事，能好好睡觉的日子，我对自己的看法也已经发生了转变。从某种意义上来说,对自己的看法或许变成了一种摆烂心态:"给我安排了这么多工作,做不到也正常,就这样吧。"

过去,即便是办不到,我也想着一定要全部完成才行。但是在经过这段时间的休息之后,如果接到了10个工作任务,我只能完成其中的3个,剩下的7个不知道该怎么做,我就会想:"因为没做过,所以不知道该怎么做,跟领导实话实说就好了嘛。"

之前的我可以说是被庞大的工作量和全新的工作内容压得喘不过气来,被工作掌控。现在的我将工作掌控在手中,所以我能做什么,不能做什么,什么是现在必须做的,什么可以往后放放,这些都由我做主。

要是别人说什么的话,那就到时候再想办法应对好了。以前的我就像是被马牵着走一样,而现在,缰绳就握在我手中。

过去,即使有人担心我,我也还是会执拗地认为"工作做不好,就会被解雇吧"

刚入职的时候,我一心想着要早点做出成绩,一定要像前任一样能干,甚至要比她干得还好,要让大家看到我的价值。

但是,现在我想明白了,我好像做不到那样。

毕竟前任在这个岗位上已经干了好多年了,而我和她交接工作只用了短短两周时间，怎么可能掌握所有的工作要领？

当时，比经理还高一级的领导看到我这么吃力，还很担心我："你不用对自己要求那么严格，你才进公司没多久，当然不可能把所有的工作都做得那么完美。"

当时的我只是下意识地答道，"明白明白"，事实上并没有理解领导的用心。我自己的状态不好，就对别人的话充耳不闻。领导之所以那样说，不过是因为外资企业崇尚合理主义而已，如果我的绩效不好，肯定还是会被解雇的。当时的我曲解了领导的善意。

现在想想，领导那时特别懂我的心思，她对我说的话也的确很在理。

难道这就是所谓的"上帝视角"？我感觉现在自己能够客观地看待事物，冷静地做出判断了。

看到吵吵闹闹的丈夫和孩子，也不再觉得烦躁了

面对丈夫和孩子亦是如此。

之前有段时间，就连他们在我眼前晃都让我觉得特别心烦，感觉积攒了很多压力，恨不得朝他们吼一句："你们能不能安静点！"

但凡他们发出点叽叽嘎嘎的吵闹声，一股无名火就不断地在胸口冲撞，实在忍不了的时候，我就会直接把自己关进卫生间里。

现在,我已经能和他们平静地对话了。

状态不好的时候,很多东西就像被盖在箱子里一样,但会对一些声音和言语格外敏感,或许也正是因为想要一一回应这些声音和言语,才会身心俱疲吧。

如果能自然而然地隔离掉一些不必要的声音,那么就会轻松许多。

现在,即便看到孩子们起了争执,我也会选择先在一边观察,必要时才会介入、调解。

比如,我会先静下心来思考:"我应该怎么做?再观察观察?还是现在就去调解?"总之就是从容了许多。

听到医生说"肯定会好起来的",其实是半信半疑的,但也正是这句话始终支撑着我

一开始听到尾林医生说:"可能你现在的状态确实很糟糕,但总有一天你会发现生这一场病也并不全是坏事。"我立马就哭出来了,但其实内心是持怀疑态度的,"怎么可能会有那么一天"。

但这句话的确给我留下了非常深刻的印象。

医生说"肯定会好起来的",我虽然也有所怀疑,"尾林医生也好,职业健康医师 M 也罢,只不过因为我是病人,他们才会说这些话来鼓励我吧",但某种程度上我也相信了他们的话。

不管是 M 医生向我推荐尾林医生的诊所时所说的"去过这家诊所的人最后都痊愈了,无一例外,你肯定也会康复的",还是尾林医生口中"肯定会好起来的,总有一天,你会庆幸能拥有这样一段宝贵的经历",都深深地刻在了我的内心深处,支撑着我一步一步摆脱过去糟糕的状态。

起初,心理诊所的门槛是很高的

在这次生病之前,我一直都认为,一旦出现心理问题,就意味着这个人完蛋了。

所以当时我心里的想法就是:"大家都一个劲地让我休息,但是一旦休息了,就不知道什么时候才能再回到自己原来的位置了。"

人们常说,心理疾病的治疗,是一场持久战。所以,即便听到医生说我会好起来的,我的心里也始终半信半疑——真的会有痊愈的那一天吗?

心理诊所,果然不是随随便便就能去的地方啊。医生说要用药改善我的情绪,我当时想那我岂不是会变成另外一个人?

那一刻我的脑海里可以说闪过无数种类似的想法,其实说白了就是对治疗有一些恐惧。

但是,在见到尾林医生后,我才发现他和我想象中的精神科医生截然不同，完全没有那种压迫感。怎么说呢，总感觉他有一种能让我坦诚地表达心声的气质。

刚开始接受治疗的时候，M医生就告诉我："我会和尾林医生合作帮你治疗，我们始终站在你这边，也会一直为你加油的。"

听他这么一说，我瞬间就感觉踏实了许多："什么？这么厉害的两位医生会为我加油？"

在我内心脆弱到想要从这个世界消失时，是医生给了我力量

在我停职休息之前，状态特别不好的时候，我一度产生了这样的念头。

"啊，要是能从这个世界消失就好了！"但最终我还是成功地阻止了自己。"要是消失了，一切就都结束了，那样不就万事大吉了嘛。"

感觉当时的想法都变得扭曲了。

那段时间我凌晨2点才睡觉，但我还是会设置6点的闹钟，其实内心深处却期望着太阳不要升起，而我就这样一直睡下去。

当时真的很痛苦。整个人脆弱极了，已经迷失了自我。

医生并没有站在上帝视角俯视如此脆弱的我，而是选择站在我身边，陪我一起找回自己。对我来说，这真的是一件非常值得庆幸的事，是他们在不断鼓励着我，告诉我，我不是孤身一人。

也许，我并不是在换工作之后才出现心理问题的，或许从生完孩子开始，我就一直在压抑着自己，不管什么事都一心想着"必须做好，必须完成"。

这次休息，让我对自己的认识有了很大的转变。此刻，我确实为自己有过这样一段经历而感到庆幸。

点评

玉子女士能够回顾这段时间自己的经历，向我说明自己的变化，说实话让我非常意外。

她的治疗过程可以说很典型，同时也很理想。在这里我想要补充的是，并不是每个人的治疗都能像山田女士一样顺利。

但是，即使在治疗过程中病情会有所反复，但最终都会痊愈，这一点是无须质疑的。

经验之谈 ②

小川（化名，30岁）先生　就职于外企保险公司
在诊疗时间很短的心理诊所没能治愈，最终病情复发

加班300～400小时，在钟点房里睡一会儿，然后接着上班

我是在2017年9月发病的。

当时我就职于一家运输公司，我所属的部门工作时间非常特殊，说了可能大家都不相信，早上9点到次日早上6点，需要连续工作21小时。

工作结束后，我就去钟点房里睡一觉，到了早上9点又接着上班。这样的生活持续了两年左右，周六、周日也几乎没有休息过。

印象中，当时每个月要加班300～400小时。几乎每一天都要连续工作21小时。其实我还算是比较擅长排解压力的，但不管怎么说，身体首先吃不消。

最开始出现的是睡眠问题。早上6点多，我就到钟点房了，可是每次醒来都不知道自己到底睡没睡着，总感觉好像睡着了，又好像没睡着，但当时也没太放在心上。

2017年9月的某一天,恰好是休息日,我和当时交往的女朋友,也就是我现在的妻子,一起去东京的晴空塔游玩,结果病情突然恶化了。那天特别热,所以我们早早就回家休息了,没想到第二天早上醒来之后,身体就动弹不了。

在很有名的心理诊所被诊断为"抑郁症"

刚开始去找职业健康医师咨询,医生就告诉我:"马上停职,好好休息。"

紧接着,我就去了一家很有名的心理诊所。医生说,我身体里的燃料已经近乎枯竭。诊断结果是抑郁症。

一直睡觉,这就是当时我所收到的医嘱。

居家疗养一年半后又跳了两次槽,没想到在新公司抑郁症又复发了

当时每两周就要去一次医院,不过只有在第一次去的时候医生给开了药,在那之后连处方都没有拿到过。

感觉一直都只是居家疗养,等待身体自动恢复,结果就这样停职休息了一年半左右。

虽然当初就职的运输公司在停职、福利方面还是很照顾我的,但我经过深思熟虑,最终还是决定换份工作,跳槽到了一家网络广告公司,在那里又工作了一年半左右。

这家广告公司的环境非常不错,但是考虑到自己的职业规划，我又再次跳槽到了一家咨询服务公司。但是，咨询服务公司的劳动时间很长，而且工作压力也特别大。

不知道是不是又回想起以前在运输公司的痛苦经历，这次入职后不久，我的精神状态又出现了问题，最终再次停职休养。

我去找了之前就职的网络广告公司里类似于心理咨询师的同事咨询，结果他向我推荐了尾林医生。在尾林医生的诊所里，我接受了1个小时左右的面谈，尾林医生说还是需要用药配合治疗，然后就一直到现在。

在第一家心理诊所接受治疗时，并没有意识到自己患上了心理失调

其实，我在第一家心理诊所接受治疗时，并不太了解自己的症状。因为医生只是说让我先好好休息，而且也只有最开始的两周给我开了处方药，所以我并没有意识到自己患上了心理失调。

我以为自己只是累坏了，导致身体动不了。现在想想，大概当初我的心理失调并没有彻底痊愈。而没有彻底痊愈的那部分，在尾林医生的诊所被治好了。

慎重地增加用药量，服药2个多月后，已经可以正常生活

尾林医生给我开处方的时候是极其慎重的。

首先第一种药是从超少量开始服用,然后一点点地增加用药量。随后再一点点加入第二种药。比如,医生会在我服用的抗抑郁药物中,将调整血清素和调整多巴胺的药物进行组合,适当地调整用药量。

我自己会上网查询有关药物的基础信息,而且尾林医生每次都会给我进行详细的说明,所以我对自己服用的是什么药一清二楚。

"之前一直服用的是A、B、C三种药,但是好像搭配得不太好,就把C换成D。"这种微调是有的,但是用药的大方向没有变过,治疗进行得还是很顺利的。

大概过了2个月,我的状态就有了明显的好转,虽然还没有恢复到可以工作的地步,但日常生活已经基本没有什么问题了。

最终,我从咨询服务公司辞职,并在10个月后进入了现在的公司。在进入新公司之前我都有伤病补贴,而且妻子也在工作,所以并没有出现经济上的问题。

在那10个月里,我不只是单纯地休息,而且还养成了运动和学习的习惯。和之前公司的同期打打网球,每周去诊所复查一次,过上了早睡早起的生活。

开始服药之后,精神状态很快就上升到了80分,但是从80分到100分感觉还是费了很大功夫的。

要说我的问题出在哪儿,首先就是发病时所在的部门,工作量过大，其次就是第一次发病后没有完全治好。

在第一家心理诊所治疗时，我其实犹豫过要不要换一家诊所

第一次接受治疗的那家心理诊所，人特别多。每个人的诊疗时间也非常短，只有短短3分钟左右，而尾林医生每次都会和患者交流15分钟以上。

一进诊疗室，就像突然开始玩投接球游戏一样，医生开口的第一句就是"最近感觉怎么样"，我也只能再次将球扔回给医生"好像没什么变化"。

我偶尔也会主动向医生询问。但是对话也非常简单，比如："我不需要再服用些什么药吗？""嗯，我觉得不用。"

看来短短3分钟、5分钟，还是很难进行充分的沟通啊。

那家医院本身就特别拥挤，等待室里更是人满为患，每次都有10~15个人。即使提前预约了，也要等1小时左右。

即便这样，轮到自己的时候，也不能充分地表达自己的想法，不能进行类似于"最近这段时间，我感觉……"的对话。

当时只是觉得自己毕竟是外行，主动权还是要交给医生。就算向医生提问，对话没有什么新的进展，我也没必要说一些多余的话。

说实话，当时我一直在犹豫要不要换一家诊所，但还是选择继续在那里接受诊疗。

现在能够踏实地接受治疗了，因为我知道自己和医生达成了共识

自从开始去尾林医生的诊所治疗，我才明白，原来激发患者吐露心声，准确传达个人的精神、心理状态，然后和医生达成共识才是诊疗的第一步。

每次我都需要通过语言告诉医生现在自己是什么状态。比如，睡眠质量怎么样，为什么事而心情郁闷，等等。

我想之前大概是因为没有足够的时间进行交流，所以在很多事情上和医生的认识都存在偏差，而这些偏差始终都未被修正过。

现在能够和医生进行充分的对话，所以我非常确定自己和医生是达成共识的，也就能够踏实地接受治疗了。

在上一家诊所就像单纯是在混时间一样。现在就不一样了，感觉所有的事都在我心里实现了可视化，比如接下来的治疗该如何推进等。

是像迷路的羔羊一样，还是眼前有明确的路标，我想这在患者接受治疗的积极性上会有明显的不同吧。

明白了如果不能从容应对，自然不会得到理想中的结果

我本来就是工作狂的性格，所以对压抑自己、逞强坚持已经习以为常。现在想想要是多多少少懂得"敷衍了事"，或许也就不会患上心理失调了。

或许这和12岁就离开父母,从中学时期起住进宿舍有一定的关系吧。既要做运动,也要学习,住在宿舍里,所有的事情都必须独立完成。

现在,工作狂的性格可能还是没有完全改变,但至少懂得了要劳逸结合才能有好的结果。

思维方式有了很大的转变。对现在的我来说,休息排第一位,毕竟健康最重要。如果不能找到内心的淡定和从容,怎么可能好好享受人生呢?

原本我是很刻薄的,但是现在学会了相信别人。我感觉自己的性格也有一些转变,好像不再像以前那样棱角分明了。

不唠唠叨叨,一直都为我担心的妻子

妻子了解我的公司是什么情况,而且也知道我不喜欢被过多干涉,所以她也不会在我耳边念叨个不停。

她当然也很担心我,包揽了所有的家务活,我由衷地感谢她一直以来对我的支持和照顾。

最近妻子还说感觉我和以前完全不一样了。

现在要是工作时油加得太猛,妻子就会果断制止我,"你该休息会儿啦",时不时还会让我把工作计划表拿给她确认。(笑)

之前遇到休息日,我一般是去自己喜欢的书店看看书,然后办点事,再随意吃点东西。现在,和妻子一起出门的日子变多了，休息日也全权交给妻子安排，比如妻子要是想去逛商场，我就陪着一起去。虽然逛商场不过就是妻子买东西，我在边上安静地等着，感觉没什么意思。（笑）

我觉得现在的工作方式就不错，也很适合自己

现在我是一家外资保险公司的销售。正好有猎头打来电话，我觉得还挺适合自己的，就决定跳槽到这家公司。

也有人担心我这份工作是不是太辛苦了，但是这个岗位既没有绩效要求，公司的氛围也还不错，而且工作时间也不太长，所以我觉得还可以。当然，要做一名好的销售，还是需要好好奋斗的。

我从刚进入社会的时候，就一直被分配到有很多加班的部门。项目内容不同，每年销售额可以相差上亿日元，所以绩效要求根本没有上限。与此同时，我们还需要证明能担保资金安全，所以也要多动脑筋，时刻保持高度警惕。所以在这个部门，越来越多的人患上了癌症或是出现手动不了的问题。

说到底，工作果然还是很难找到平衡点啊。

在运输公司工作的时候，我的工作时间在全国范围内来看，应该也是排在前列的，但是加班费毕竟是有上限的，所以收入和公司里的其他人也没什么太大的差别。

既然如此，那自己提供了多少价值就拿多少薪水，现在这种提成制就挺不错的。也许我本来就崇尚个人主义,所以比较适合这种工作。

说实话,我觉得能跳槽到现在这家公司,其实也挺好的。

点评

通过小川先生,我才知道当今社会竟然还有劳动时间如此之长的工作,说实话让我十分意外。
像小川先生这样停职疗养了,但没有完全治愈的情况,其实并不少见。
在来到我的诊所之后,能看出来小川先生非常积极地想要理解整个治疗过程,所以我们一起朝着痊愈不断努力。

第4章

关于治疗和药物，你应该知道的事

Q.17 作为患者，需要了解哪几种精神类药物？

Ans. 精神类药物被分为抗抑郁剂、抗焦虑药、安眠药等五大类，每一类都有各自的作用。

理解药物的作用、治疗的目的之后再服用，才能更好、更快地缓解病情。

接下来我会在不过于专业的范围内，介绍一些关于精神类药物大家应该了解的信息。

精神科的药物，叫作精神药品，这是对一大类药物的称呼。精神药品又可以分成五类，具体来说，就是抗抑郁剂、抗精神病药、抗焦虑药、安眠药，以及心境稳定剂和抗癫痫药。

①抗抑郁剂

抗抑郁剂，正如它的名字一般，是用于治疗抑郁的药物。抑郁又有很多种不同的叫法，比如抑郁症、抑郁症状、抑郁状态。

抑郁症病人大多存在缺乏或不能分泌血清素、去甲肾上腺素、多巴胺等三种脑内神经传导物质的问题。而抗抑郁剂的作用恰恰就是促进脑内神经传导物质的分泌。

与其他人相比，抑郁症患者大脑内这三种神经传导物质相对较少，而能够帮助病人最大限度地有效利用大脑内少量神经传导物质的就是抗抑郁剂。

除此之外，抗抑郁剂还具有减轻抑郁症状、缓解焦虑情绪、调整思维连贯性、提升生活动力等作用。

可以说在心理治疗内科、心理诊所开具的处方中最常见的就是抗抑郁剂了吧。

②抗精神病药

抗精神病药，在所谓的精神分裂症的处方中较为常见，但也会用于治疗抑郁症或各种抑郁状态。

患有心理失调的病人，在拿到处方时看到有这个药，或许会大吃一惊——难道我得的是精神分裂症？所以，我认为还是有必要让大家明白，在抑郁症的治疗中也会少量地使用这一类药物。

医生开抗精神病药物的目的是防止多巴胺的过量分泌。而精神分裂症是建立在多巴胺分泌过多，引发幻觉、妄想等精神状态的假说上的一种疾病。

所以在抑郁症的治疗中，使用抗精神病药也是为了调整多巴胺的分泌量。

③抗焦虑药（又名弱安定药）

药如其名，是用于缓解焦虑的药物。

巧克力等食品中含有一种名为γ-氨基丁酸的物质。

γ-氨基丁酸在体内与γ-氨基丁酸受容体相作用，从而缓解焦虑情绪，这就是抗焦虑药的作用机制。

抗焦虑药是一种相对来说比较容易开具处方的药物。有时在内科治疗中，如果出现情绪上的问题，也会使用一定量的抗焦虑药。

但是，服用抗焦虑药物也有一定的风险，所以需要向大家进行简要说明。

首先就是肢体静脉弛缓的问题。

因为抗焦虑药物有一定的舒缓肌肉的作用，所以剂量过大时，就会出现体力不支的问题。

其次就是药物依赖的问题。

如果随意地持续开具抗焦虑药的处方，那么就可能导致患者对该药物产生强烈的依赖，一旦停止服药，就无法正常生活。

所以在服用药物的过程中，在适当的阶段服用适当的剂量就尤为重要。

④安眠药

安眠药是用于改善睡眠质量的药物。

睡眠问题主要有四种：很难睡着（入睡困难型）、夜间频繁醒过来（睡眠中断型）、早上早醒（早醒型）、醒来后总觉得没睡（缺乏熟睡感型）。

早期的安眠药被称为BZ类（苯二氮䓬类）药物。BZ类的安眠药根据见效时间的长短有很多不同的种类，有长效类的，有中效类的，也有短效类的。

所以，在拿到含有BZ类安眠药的处方时，确认该药物的作用时长和自己的症状是否一致就显得尤为重要。

近几年，市面上慢慢出现褪黑素、食欲素等作用于神经传导物质，调整睡眠节律的药物。

这些新型药品对任何一种睡眠问题都是有效的，属于改善睡眠质量的良药。

⑤心境稳定剂（含抗癫痫药）

这些都是抑制情绪波动的药物，所以常用于治疗双相情感障碍（躁郁症）。

抗癫痫药物，是当大脑中的神经细胞过度活跃或功能衰退时，需要服用的药物，也被用作治疗双相情感障碍。

抗癫痫药又分为很多种，心境稳定剂的主要成分是锂元素（药品名称为碳酸锂片）。

关键要点

- 精神科的药物可以分为以下五大类。
  抗抑郁剂：减轻抑郁症状，缓解焦虑情绪。
  抗精神病药：防止大脑过度分泌多巴胺。
  抗焦虑药：消除焦虑情绪。因为可能会引起肢体静脉弛缓和药物依赖的问题，所以服用时需谨慎。
  安眠药：改善睡眠质量。药物的作用时长必须与症状相吻合。
  心境稳定剂（含抗癫痫药）：抑制情绪波动。

Q.18 关于药剂量,应该掌握哪些信息?

Ans. 需要了解药品的最大用量,以及自己拿到的处方中,药剂量与最大用量的比例是多少。

不同的药品,最大用量也完全不同

精神科医生在开具处方时,有时会从前面列举的五大类药品中选择其中一种,也有可能将多个药品搭配组合。

这时,或许有必要正确理解用药量的意义。

每种药品,都有各自的最大用量。这里所说的最大用量,指的是1天服用量的上限。而不同的药品,最大用量也不尽相同。比如,抗抑郁剂A的最大用量是20ml;B药品也是抗抑郁剂,最大用量可以达到100ml。所以,还是有必要事先掌握处方中各个药品的最大用量分别是多少。

如果处方中的用药量已经超过了最大用量,那就成大问题了,当然这种情况也是不可能出现的。

与最大用量相比,自己拿到的处方中用药量属于什么程度

其实我们必须掌握的,就是自己拿到的处方中的用药量与最大用量的比例。举例来说，假设最大用量是10mg，"我现在的用量是5mg，恰好是最大用量的一半"和"我需要服用1mg，是最大用量的十分之一"，这两者的意义是完全不同的。

并不是说用量大就好，用量小就不好。开处方时的基本原则是，治疗初期逐步增加用量，待药效显现后暂时维持用药量，病情有所好转后再减少用量。但是，每一位患者究竟适合服用A药还是适合服用B药，必须经过测试才能知道答案。

如果A药不适合，那就换成B，如果B也不行的话，那就再换成C，只有向患者一一进行说明，才能在相互信任的医患关系下测试哪种药品最能有效帮助患者改善病情。

作为医生，在增加用药量时，必须十分谨慎，严加注意。

倘若没有进行相关的解释就直接提高用药量的话，那么患者就会很不安："我的病是不是恶化了，不然医生怎么会增加用药量啊。"

如果是我的话，我会选择这样向患者进行说明：

"目前这个药的用量仅为最大用量的三分之一，接下来为了更好地发挥药效，改善病情，把用量调整到三分之二。你的病情已经有所好转了，现在增加用药量是为了巩固目前的治疗效果，所以你不用担心，并不是病情恶化了才加药的。"

这样一说，患者们基本上能接受。

"原来如此，加药不是因为病情恶化了，而是为了缩短病程，尽早恢复啊。"

倘若患者能产生这样的想法，那么肯定也会按时服药。反之，如果患者只是被单方面告知要增加用量，或许就会感到绝望吧。

简单的几句解释，只需花费短短10秒左右，但事实情况是有很多医生都会懒得花这10秒钟。

如果病情迟迟没有好转，且处方上的药品种类和用量也都没有任何变化的话，或许大家可以选择直接询问医生目前采用的治疗方针究竟是什么。

如果是我，在针对某位患者的治疗中，倘若要加强A药品的效果，我不会保持某一用量不变，而会选择适当增加用量。

倘若进行这样的调整之后，病情还是没有明显的好转，那么我就会选择增加B药的用量或者改成C药。

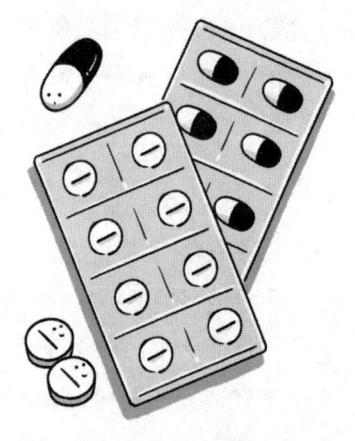

准确理解处方中用药量的含义

关键要点

- 各种药品都有相应的用药量上限。
- 建议要理解医生给自己开具的处方中，用药量与最大用药量相比属于什么程度。
- 医生开药时的常见思路是，先从少量开始试用，效果显现后维持固定用量，病情好转后逐渐减少用量。

Q.19 药品说明书上写了很多不良反应,能放心服用吗?

Ans. 在说明书上明确体现所有的不良反应是药品获批上市必不可少的手续,所以不用对说明书上所有的不良反应都抱有疑虑。与其自行阅读说明书而感到担忧,倒不如直接询问医生。

"听说很多精神科药品的不良反应都非常严重,最好还是不要服用。"有的人可能会有这种想法,但事实并非如此。借此机会,我一定要纠正大家的这一错误认识。

不用太过在意说明书或网络上所写的不良反应

制药公司提供的说明书上,一般会写着大量的不良反应。要是在网络上检索的话,更是多如牛毛。看了这些信息之后,大家大概会萌生这个药是不是只会产生不良反应的想法。

如果通过文本了解不良反应的话,只会产生恐惧心理,无法获得本应掌握的信息,所以不建议大家这样做。

为了取得药品上市许可,制药公司必须将临床试验中出现的不良反应,毫无遗漏地全部体现在说明书中。毕竟是事关患者性命的大事,从某种程度上来说这种做法也在情理之中。

但是，比如在参加临床试验的患者中恰好有人同时也患有前列腺增生，在服用A药之后，出现了排尿困难的问题。虽然很明显这种情况下不良反应的原因在于前列腺增生，但在A药的不良反应中必须写上一条排尿困难。

从严格意义上来说，我们并不知道这名患者服药后出现的排尿困难是否和药品本身存在因果关系。

制药公司也很疑惑："这究竟算不算A药的不良反应？"当事人可能也觉得和A药没有关系。但在A药上市的时候，在不良反应那一栏还是要写上这一条。

即使说明书上记录了危及生命的不良反应，也并不意味着这种不良反应的出现概率就非常高。所以，我们需要有重点地获取真正有价值的信息，比如哪些不良反应才是作为患者应该注意的，哪些是可以忽略的。

事先询问"比较容易出现哪些不良反应"

举例来说，名为"来士普[1]"的抗抑郁药的说明书中记录了很多不良反应。比如，痉挛、倦怠、失眠、腹泻、食欲不振等，看得人胆战心惊的。

但是我会明确地告诉患者："临床上需要注意的不良反

---

1 通用名"草酸艾司西酞普兰"，是丹麦H.Lundbeck A/S公司生产的一种新型抗抑郁药，对重度抑郁效果好。

应只有一项,其余的都可以不用太过在意。"

如果患者没有听到医生的任何解释,就只是拿到了一张写有来士普的处方,那么之后看到说明书上各种不良反应,可能就会产生"太可怕了,不想吃这个药了"或"要不别吃这个药了"的想法吧。

但是,倘若医生能主动进行一定的说明,如"这个药和其他的药相比,不太容易出现不良反应,所以你不用太担心。至多就是偶尔会有人出现恶心呕吐的问题",那么患者在服药时的感受应该会完全不同吧。

所以医生在开处方的时候,应该主动口头说明在实际服用过程中容易出现哪些不良反应。

但事实上,不主动进行说明的医生会更多一些,所以遇到这种情况,建议患者可以直接询问"容易出现哪些不良反应"。

关键要点

- 没必要对药品说明书上记录的所有不良反应感到担心。
- 如果医生在开处方时没有主动解释,那么患者可以直接询问容易出现哪些不良反应。

Q. 20 如果出现了不良反应,那么是不是应该停止服药?

Ans. 有的不良反应忍耐几天就能消失,也有可以缓解不良反应的药。建议权衡利弊,和医生商量,找出应对之法。

很多不良反应在数日内就会自动消失,但也有可以缓解不良反应的药品

我希望大家能明白,很多不良反应只要忍耐数日就能消失。

市面上销售的药品,说明书上都会有"若出现不良反应,请停止服用"这样一句,所以很多人都会觉得一旦出现不良反应,就要立即停止服药。但如果是在医生的指导下服用,那么也不一定要完全依照说明书执行。

除此之外,大家还要知道,也有可以缓解不良反应的药品。

出现不良反应后,是应该选择坚持继续服用,还是选择换成其他药品?

关于出现不良反应后的应对之法,因人而异,也跟不良

反应的严重程度有关。

假设，出现了恶心、呕吐等不良反应，有的人能坚持，有的人却对恶心、呕吐十分敏感，那么就需要将药物所带来的利好和短时间内出现的不良反应的负面影响放在天平的两边，权衡利弊，思考应该如何应对。

大部分的不良反应都会在两三天内消失。话虽如此，但是"服药后会有一些不良反应，不过两三天后这些不良反应就会自动消失，所以请忍耐一下，坚持服用"，对患者来说未免有些残忍。要忍耐两三天的恶心、呕吐，有时也是非常痛苦的。

所以，如果医生能主动向患者解释说明"这个药见效比较慢，所以可能让人比较心急。服用后的不良反应一般两三天也就消失了，只要克服这一关，就能收获药效，所以可能的话，还是希望你能坚持服用"，当然就再好不过了。

如此一来，即使出现恶心、呕吐的反应，患者也会想到"医生说了这个不良反应只持续几天，我就再坚持坚持吧"，然后继续坚持服用。

另外，倘若恶心、呕吐的反应特别强烈，或者患者本人感觉特别不舒服的话，也可以选择服用缓解不良反应的药品，或者换成其他药品，可以和医生商量，采取相应的应对措施。

关键要点

- 有很多不良反应一般在数日内就会自然消失,不能一概而论,不是所有的药物出现不良反应就要立即停用。
- 有的人能受得住不良反应,有的人又特别敏感。
- 将药品带来的治疗效果和不良反应带来的负面影响放在天平两边,权衡利弊后做出选择。

Q.21 医生调减了用药量,那我应该直接停止服药吗?

Ans. 病情有所好转,即使用药量有所减少,也能起到缓解症状的作用,但是不要直接停药,应该逐步地减少药量。

有的人会认为医生调减用药量是因为病情有所好转,从而想到或许可以停止门诊治疗和服药。

当病情有了明显好转,有的患者就不想去诊所了,觉得既花钱又耗时间,尤其是患者和医生之间没有建立足够稳固的信赖关系时,更是如此吧。

也可以将一片药分成多份,每次只服用一份,逐步减少用量

但是,我们自己很难判断现在良好的状态到底有多少是靠这个药维系的。

即便使用量很少,但如果连这少量的药也停用了的话,整个人的状态有可能就会突然变差,所以建议不要突然停止服药。

即使明知是在给药剂师添麻烦,搞得人家讨厌我,我也还是会让药剂师把一片药分割成四份或者八份,开具只需服用一片药的四分之一或八分之一的处方，逐步减少用量。必要的话，我还会要求药剂师将药片磨碎，取其中的十分之一，和其他药粉混合后，让患者服用。

总之，我还是希望大家能明白，药品是患者的病情能有所好转的重要工具。

停止服药，并不意味着治疗就结束了

我认为，作为医生也应该对减少用药量保持高度谨慎的态度。

"现在你的状态已经有了明显的改善，所以我会适当调减用药量，但是我们肯定都不希望病情反复，所以我也会放慢节奏，一点点减少用量。"如果医生能事先向患者这样说明就再好不过了。

但是，即使医生不再开处方了，也并不意味着治疗就此结束了。

"太好了，现在已经可以不用服药了。先维持1个月观察一下，记得1个月后过来告诉我有没有什么不适。到时候如果还是感觉很好的话，那就可以'毕业'啦。"

这是停药之后需要进行的收尾工作。

关键要点

- 即使服药量已经很少了,但若直接彻底停药,病情可能就会突然恶化。
- 不建议擅自终止服药。
- 不用服药,也不意味着治疗就此结束。

Q.22　会不会出现需要长期服药的情况？

Ans. 也有需要长期服药的情况，但并不意味着治疗失败。

　　虽然比较少见，但的确有人只要调减用药量，病情就会出现反复。

　　这时，有的人就会产生疑问："这是一种药物依赖吗？"答案是否定的。

　　服药之后，患者暂时恢复到过去正常的精神状态，但那是因为有药物的作用，患者才达到了最佳的精神状态，所以很难一下子离开药物。

和高血压、糖尿病一样，长期服药并不意味着治疗失败

　　不能摆脱药物，靠自身免疫力抵御病毒，会让患者觉得很不自在，我也能想象患者会觉得这不是最好的治疗结果。

　　遇到这种情况时，我一般会这样对患者说："可以试想一下如果是器质性的疾病，又会怎么样呢？"高血压和糖尿病患者，每天都必须按时服药，对他们来说，防止血压和血糖值上升已经是生活中再正常不过的一部分了。

持续服用药物并不是一件不正常的事情，也不意味着治疗失败。"吃了药就能维持不错的精神状态，那可真是太好了，你能按时服药，真是太棒了。"

血压高的人不会因为需要按时服用降压药而觉得自己一无是处。精神科的药物也是如此，大家不需要认为每天服药就意味着没有战胜病情，就是不好的。

将支撑着自己，已经成为自己的一部分的药物变成友军，使其持续发挥效用

"现在剩下的药物，已然成为支撑着你的一部分了，如果果断地甩掉这一重要的友军，那么好不容易才找到的平衡就会被打破，所以，今后也要让正在成为你的一部分的友军持续发挥效用。"

我会选择这样对患者说，让患者理解、接受。

目前业界也有针对药物究竟是好是坏的争论。在我看来，说极端一些，一辈子都服药也无妨。

的确，倘若不服药，既不用花钱，也不需要特意地关注有没有按时服药等，压力会小很多，确实会比较轻松。

即便如此，我还是希望大家能明白，将药品视作自己的友军，持续服用，既不是软弱，更不意味着治疗失败。

关键要点

- 持续服用药物,既不是输给了疾病,也不是什么坏事。
- 不能抛弃支撑着自己,已然成为友军的药物。

Q.23 精神科的诊疗和心理辅导,究竟有什么不同?

Ans. 诊疗需要准确把握病情变化的整个过程。心理辅导需要连同患者的思维习惯等一同确认。

在诊疗时,首先要通过闲聊缓解患者的紧张情绪

事实上,所谓的"诊疗",其内涵是非常宽泛的。

以我的诊疗习惯为例,如果要分解要素的话,第一个重要元素就是闲聊。医生必须通过和患者闲聊,缓解他们的紧张情绪。

刚进入诊疗室的前两三分钟,有的患者很快就适应了,但也有一些患者内心的壁垒依旧十分坚固。所以我会花三分钟左右的时间,和患者东拉西扯,聊一些无关紧要的事情。比如,"哎呀,你穿的这双凉鞋看起来不错,在哪儿买的啊?"抑或是"你剪头发了啊",总之就是通过闲聊,缓解患者的紧张情绪,让患者尽可能放松,从而激发他们表达真实心声的欲望。

如果患者一进入诊疗室,医生就直接问:"感觉怎么样?"患者也许就会吞吞吐吐地说道"唔,那个……",很难和医生形成有效的互动。

我认为,让患者更快地进入治疗状态,关键在于借助寒暄,甚至是营造一种氛围,让患者放松,保持心情舒畅。

初期要在诊疗中确认患者在服药后病情有何变化,之后准确把握整个病程

诊疗,从严格意义上来说需要准确把握整个病程。

治疗初期,主要是确定用什么药以及调整用药量。这个阶段,需要患者每周来一次诊所,确认在服药后有没有出现什么不良反应。

如果出现了不良反应,那就同时服用缓解不良反应的药物,并将治疗疾病的药物提高到必要的量,在治疗初期需要花费1个月左右的时间完成这项工作。

一般情况下,在治疗初期,即使询问患者"和上周比,状态有没有好一些",患者也很难答得上来。

精神类的疾病,患者很难产生状态有所好转的实感。

即使被问到"和上周相比,状态有没有好一些",也很难有人能说出"嗯,最近能做些×××了"。

在1个月以后才会进入真正的诊疗,正式开始掌握病程。进入这个阶段,患者前往医院的频次就可以变成2周1次或者3周1次。

再过1个月到2个月,终于可以进行"我们一起回顾一下最近这一个月"的对话了。如此一来,患者就能主动将自己近期一些好的转变娓娓道来——"唔,感觉最近可以做些×××了。"

让患者实际感受自身的良性转变,对病情好转具有非常大的促进意义。到了诊疗中期,患者就需要和医生以较长的时间跨度回头看,一起掌握病情的变化过程。

心理辅导除了要了解病情之外,还需要确认患者紧张的情绪、思维习惯等

心理辅导,具有很多种意义。我所认为的心理辅导,需要连同患者为什么紧张以及患者的思维习惯等一同仔细确认,必要时进行一定的干预。

比如,假设前来接受心理辅导的是一个面对任何事都容易耿耿于怀的人,那么咨询师就需要一边和患者回顾过往的行为习惯,一边与患者反复进行诸如"原来是对这些事情耿耿于怀啊"之类的对话。在病情好转的过程中,患者梳理自己过往的种种想法,逐步明确究竟是哪些事情让自己烦恼、困扰。

患者在和医生的互动中慢慢理解,因为耿耿于怀,看待事物时往往会变得悲观,很难积极地面对事物。如果这种耿耿于怀的倾向今后还依旧持续的话,那么也许就会成为病情复发的导火索。

心理辅导虽然不能直接地治愈患者的病情，却能够从侧面积极地调整患者的思维习惯。

为了不让患者遇事耿耿于怀，医生就要进行诸如"我应该以什么样的角度看待事物才好呢""如果这样去理解、看待事物的话，肯定就能轻松一些吧"之类的对话。

或许这就是所谓的心理辅导吧。

我在对患者进行治疗的过程中，也吸收采纳了一部分心理辅导的方法。

现在既有像我一样，将心理辅导和诊疗融合在一起的医生，当然也有诊所将心理辅导委托给心理师，单独进行。

关键要点

- 诊疗需要准确掌握整个病程。
- 心理辅导需要确认患者因什么而感到紧张以及患者的思维习惯。

Q.24 病情有好转但又出现反复,是治疗方法不对症吗?

Ans. 病情反复,是肯定会出现的。在随着大浪恢复的过程中,总归都会出现上下翻腾的小浪花。

病情的恢复曲线,可能并不是一条持续上升的规则的直线,而是时好时坏的过程。

大家可以将其想象成海上的大浪和小浪花。

"和1个月前或者3个月前相比,感觉如何?"

心理失调,是指患者因为某种原因陷入抑郁状态,情绪持续低落。而患上心理失调,在接受治疗之后所能绘制出的病情恢复曲线,又因人而异。

和医生建立了深厚且坚固的信赖关系,按时服用对症的药物,生活环境也得到适当的改善,那么可能就会画出一条完美的上升曲线吧。

反之,倘若医生没有进行详细的解释说明,随意地开几种药,患者也不被周围人理解,那么就无法绘制出一条能够看出明显变化的曲线,不过病情实际还是在慢慢恢复的。

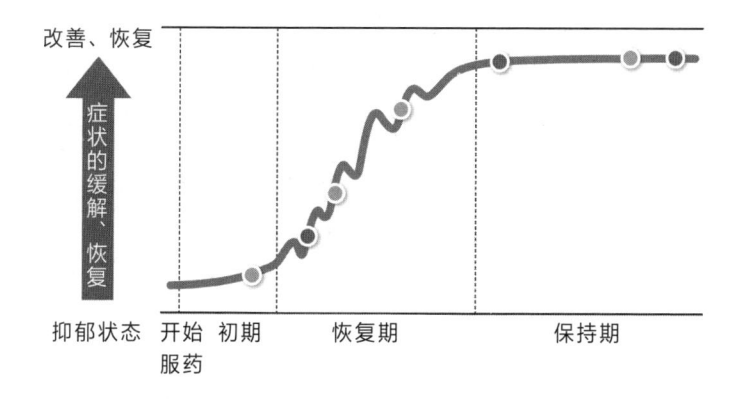

```
改善、恢复
  ↑
症
状
的
缓
解
、
恢
复

抑郁状态  开始  初期    恢复期        保持期
          服药
```

刚才讨论的是关于大海浪的，希望大家能认识到，在大海浪的曲线上还伴随着些小浪花。

"医生，我感觉和昨天相比，今天的状态特别差。"经常会听到患者这样说。遇到这种情况，我就会反问患者："那么，试着对比1个月前或者3个月前，感觉如何呢？"

大部分的患者都会回答道："当时状态特别差，所以和那个时候相比，肯定是好了很多啊。"即使从短期来看，病情有些许反复，但病情整体来看是趋于好转的。我会叮嘱患者："不要以天为单位而时喜时忧。"

如果一味地关注小浪花，让你痛苦的事情就会变多，也会让你看不到好转的大趋势。

出现小浪花才证明了患者在努力直面治疗

到底为什么会出现小浪花呢？我们对其中的缘由并不完全了解，或许也是很多种原因综合影响的结果。

但是，在我看来，其中最主要的原因恰恰在于患者非常重视自己的病情，在很认真地确认自己的状态。

一心想要快点痊愈，才会时不时地产生拘束感。

"是不是治不好了？""这种精神状态是不是会一直持续下去？"等，患者总会周期性地出现被消极思维支配的问题。

所以，小浪花的出现恰恰证明了患者在积极地接受治疗，面对治疗。

"想快点好起来，想早点回到公司，回归社会。"越这样想，越会对自己的精神状态没有得到彻底改善而感到痛苦。最终就会导致患者产生"今天身体没有昨天好，总感觉精神状态好像又变差了"之类的想法。

以大海浪和小浪花为例进行说明后，很多患者都会表示认同。

"确实如此，的确比2个月前好了许多。"

"既然和当时相比精神状态已经有所好转，那么现在病情稍有反复也是可以理解的。"

关键要点

- 即使从短短几天来看，感觉状态好像变差了，但是和1个月前、3个月前相比，病情整体还是在逐渐好转的。
- 正是因为在拼尽全力让自己赶快恢复，所以才会周期性地出现情绪低落、病情反复的问题。

Q. 25 需要向医生询问些什么?

Ans. 除了有关药物的信息之外,还应询问医生治疗的时间和进展。

有很多医生都想要尽早结束治疗,这的确是一个现实情况。

每次进入诊疗室都对医生言听计从,医生说什么,患者就听什么,那么就不会起什么风波,一片祥和,的确很轻松。

但是,作为患者,肯定是想得到有效的治疗,尽早痊愈。那么患者就会思考,有没有什么需要自己主动去做。

对治疗有没有一个整体的认识,会影响病情的发展

我们首先需要理解的是,此刻面临的问题——心理健康值下降,陷入抑郁状态,只要服用一定剂量的对症药物,再加上充足的休息,就能治愈。

陷入抑郁状态的人中有一小部分属于双相情感障碍患者,医学界普遍认为,目前没有合适的医疗手段可以根治这一疾病,患者可能一辈子都摆脱不了它。

但即使不能根治，也可以通过药物缓解症状，控制病情发展，让患者轻松一些。

这种情况下，作为医生就应该向患者进行详细的说明，比如："我们想办法通过治疗控制躁狂状态的上限，尽可能减少抑郁状态的反复出现，关于生活质量，服用药物后肯定会有所改善的，所以我们就一起加油吧！"

不管是单纯的抑郁症还是躁郁症，让患者理解自己现在处于什么状态，对治疗有一个整体的认识，是非常关键的。

需要为治疗预留多少时间，哪怕只是一个非常粗略的估算，患者是否掌握了这一信息，在很大程度上也会影响他们的康复过程。

应该问"需要持续服用这个药到什么时候？"，而不是"什么时候才能治好"

关于预计病情恢复需要多长时间，每位医生的解释说明都不尽相同。

如果是我的话，我会选择这样说："从你目前的症状来看，症状有明显改善需要3个月到半年的时间，等病情好转之后还需要持续服药几个月，然后再慢慢减少用药量，所以整体来说，大概需要1年时间。"

假设患者是春天来接受治疗，需要花费1年左右时间的话，我也许会说："今年内，我们先集中精神好好治疗吧。"

其实患者对这一点也是很好奇的，所以我觉得应该明确地告知患者。

反过来说，医生在被问到"我的病，什么时候才能治好？"时，大多很难回答。个人认为可以换个问法。比如："这个药，我需要吃多长时间呢？"这样或许就不会让医生感到为难了。

病情如何才能好转，对此有一个具象认识也是非常重要的

尤其是在治疗初期，患者很难对自己的病能不能治好，病情什么时候能有所好转，有一个具体的认识。

几乎每一位患者都是很悲观的，心里想着"再这样下去，我会不会变成废人……"。这个时候，医生能否给予患者一丝希望，就显得尤为重要。

但是，也有那种不会进行任何解释说明的诊所。作为患者，连自己的病能不能治好，症状会不会缓解都不知道的话，内心肯定是忐忑不安的。

相比之下，医生哪怕只是说一句"慢慢地都会好起来的"，患者也会有底气一些。

当然，医生最好还是在了解患者的症状之后，告知后续的治疗将如何推进，需要花费多长时间，而不是仅仅停留在一句简单的"慢慢都会好的"。

对于患者来说，即便不了解完全治愈的确切时间，也想知道接下来怎么样才能让病情有所好转。

吃药本身就是一件很麻烦的事情。但是，既然吃药是一件强制性的工作，那么要想发挥超过药物本身的效果，以及让患者对病情的变化过程有一个具体的认识，都是作为医生或者说医疗机构，必须仔细、全面告知的。

令人气愤的是，从我的角度来看，怕麻烦，一脸嫌弃的医生并不在少数。

即便如此，这一章提到的药方中药物的种类、最大用量、自己服用的量和不良反应，以及需要服药多长时间，还是应该主动向医生进行确认的。

或许确实是有些麻烦，但做到这一点，既是对自己的保护，也对治疗有促进作用。

关键要点

- 对治疗周期等能否有一个整体的认识，会左右病情的发展。
- 建议可以主动询问医生"需要服药多长时间"。
- 也许有的医生怕麻烦，一脸嫌弃，但还是有必要事前主动询问医生。

小贴士 ④

作为职业健康医师,我为自己肩负的责任和职业的重要性而感到惶恐

作为职业健康医师,应该履行的职责和义务

主治医生总是会为企业在停职方面的各种约束、限制而苦恼。

企业一般会在规章制度中明确规定最长可以停职多久,如果患者在企业要求的停职期内顺利完成从治疗到康复,再到回到工作岗位前的准备工作,那是再好不过了。

但对于患者来说,最佳的治疗计划很可能无法在企业所规定的停职期内完成。

即便主治医生说:"从××先生/女士目前的症状来看,大概4个月到5个月就能恢复到很好的状态。"

还是有企业不讲任何情面:"我们公司的停职期最长只有3个月。"这种情况下,就需要职业健康医师担起责任,与企业进行商量。

面对"我们公司就是这样规定的,如果停职3个月以上,就只能辞职了"的主张,职业健康医师不能松口,要和企业据理力争,坚持到底。

对于企业来说，员工精神健康的重要性日益凸显，这一点已经无须过多强调，因此非常明确的是，今后职业健康医师同各个企业一道关注员工精神健康的必要性也将日益凸显。

这种类型的职业健康医师很常见

对于员工来说，能否回到工作岗位，很有可能就是生死攸关的大事。

但现实中最常见的职业健康医师却只会轻飘飘地说一句："主治医生说可以复职了，是吗？那就行了，OK！"

他究竟是以什么为依据做出可以复职的判断的呢？

"就这位员工目前的恢复情况来看，可能调去那个部门会好一些"，抑或是"他的主治医生也说他要想重新工作，还得再休养1个月，而且我也在他停职休养期间和他谈过几次，我也认为他的停职期还需要延长1个月，否则要想正常工作，他的精神状态可能还是有些问题"。能提出类似意见的，才是真正负责任的职业健康医师，这样和企业交涉、谈判，才是职业健康医师的职责所在。

职业健康医师之所以不能与企业进行有效的交涉，是因为他没有获得足够的信息，面对心理健康出现问题的员工，寥寥数语就结束面谈。

"好的，明白了，那你就好好休息吧，我给你办停职手续。"

几个月后，他又突然闪现："最近怎么样？看你的状态好像还不错啊，主治医生也给你开复职诊断书了吗？那就没问题了，可以复职了！"

作为职业健康医师，真的可以这样不负责任、敷衍了事吗？

如果是这种不负责任的职业健康医师的话，倒不如和始终关注员工的人事专员就复职进行面谈，会更有意义一些。

对职业健康医师这一职业没有敬畏心和自豪感的人，或许是因为仅仅满足于加入卫生委员会，对工作场所进行巡视以及规定的职务所产生的光鲜感而已吧。

职业健康医师的一句话，举足轻重

在不久的将来，会有更多的员工遭遇心理失调的问题。

职业健康医师可以左右这些患有心理失调的员工的未来，手握关乎企业员工职业生涯的关键权利，可见肩负的责任多么重大。

我作为职业健康医师，说实话，内心感到十分惶恐。

我的一句话，不仅仅能够决定眼前这位患者的将来，更会影响别人对他的家人、亲戚，甚至是伴侣的评价。

或许没有比这肩负的责任更加重大的工作了。

如果没有这种觉悟的话，就没有资格做一名合格的职业健康医师，还不如直接辞职。

可能的话，职业健康医师应该积极地参与员工的停职休养，哪怕是每月一次，花10分钟、15分钟左右的时间，与员工进行简单的沟通，询问员工："最近每天都会干些什么呢？"

有没有认识到作为职业健康医师肩负的责任？

Q.26 和爱人、伴侣的关系不和睦,应该怎么办才好呢?

Ans. 关系不好,属于正常现象。也可以考虑获得对方的理解,短期内分居。

让伴侣也到诊所来听听医生怎么说

如果你患上了心理失调,生活在同一个屋檐下的伴侣自然会为你担心。

对于你的伴侣来说,以前觉得难以想象的事情已然成了当下的日常。

原本阳光、开朗的你变得整日郁郁寡欢,还总会犯同样的错误,干什么事都不得要领,老是会制造很多麻烦。

这些都会让伴侣的情绪很差,一想到你的状态不好,还会惴惴不安。

我的建议是尽早让爱人、伴侣同患者一起来诊所听听医生怎么说。

也有患者会说:"我回去转告她就可以了。"

遇到这种情况,我就会这样继续劝说:"不是的。如果您可以准确传达我的意图的话,您现在就不会这么难受了。

我不是不相信您，而是您现在的状态本来就不太好，所以这些解释说明的工作就全权交给我。我毕竟是医生，由我直接传达的话，某种程度上会让您的伴侣引起重视，而且比起通过您转达，由我直接传达能让她接受、理解的可能性也会大一些。"

总之就是尽可能劝说患者带着伴侣一起来诊所。

"你要振作一些啊，别老是吊着一张脸！""早上早早起床，做点运动也是好的啊！"完全能理解伴侣会产生这些情绪。

但是，正如前面我所说过的那样，当下患者是做不到这些的，对他们来说，目前最重要的就是休养。

所以医生需要向伴侣说明患者的情况，获得他们的理解和支持。

主治医生耐心倾听患者家属的想法也很重要

在这种情况下，作为主治医生，最重要的就是倾听。

"原来是这样啊。医生您说的我都明白。但是这半年来，我可以说是全程见证了丈夫病情的发展，我也在以自己的方式理解他，支持他。"

"现在家里的财务状况也越来越不好了，得勒紧裤腰带过日子了。"

"现在照顾孩子的活基本上落到我一个人头上了。"

患者家属肯定会有类似的不满和怨言。

我认为，作为主治医生，也应该耐心地倾听患者家属表达内心的苦楚。

首先，在耐心倾听的基础上，还是得告诉患者家属："可是，就算他想做，他也办不到，他本人也很痛苦的。"

在充分理解双方立场的前提下，务必明确地指出在这件事上谁都没有错，不能只是一味地同情患者，替患者说话。

其次，还要向家属提出期望："您的队友现在生病了，情绪、精神状态确实不太好，您要接纳、包容他啊。"

让家属能够接受这一现实。

暂时分居，是最佳选择

就算理解了患者需要休息，但是只要在一起生活，看到患者整日"游手好闲"，家属就会不自觉地生气、上火。

刚才还沉浸在游戏的世界，没一会儿又开始睡觉，明明不是饭点，却嚷嚷着说饿了。家属看到这些，再一想到自己一个人忙前忙后，包揽了所有的家务，腾地一下，怒火就直冲脑门了。

生气上火的家属，对于患者来说也是一种无形的压力，会让患者感到抱歉、愧疚。

"看到我这副模样，自然会感到不满、生气吧。可我就是没办法正常工作、生活，我到底该怎么办才好啊？"

就像给气球充气一般，罪恶感和焦虑的情绪逐渐膨胀。

所以，暂时分居，分开生活才是最佳的选择。

最常见的做法就是回老家了。但也有因为父母年龄大了，或是没有老家可以回，最后搬到酒店住的情况。

受新冠疫情影响，酒店空房率比较高的时候，还能找到每月只需5万至6万日元的地方，所有也有几对夫妇选择了到酒店生活。

虽然也不是每个家庭都有这样的经济实力，但是比起互相看不顺眼，分居也可以说是一个相对比较合理的选择吧。

家属也很辛苦，所以也需要一起到医院接受医生的面谈

倘若不具备分居的条件，那么我会选择让患者和家属一同到医院接受门诊治疗。

如果经过各种协商和调整，最终患者和家属还是只能生活在同一个屋檐下的话，我也会向他们提出相应的建议。比如，"您的丈夫是肯定要来按时接受门诊治疗的，但是您也可以将自己的痛苦、愤怒和郁闷等都丢到这里。当然，频次无要求哦"。

说是心理诊所，也并不意味只有生病的人才能来。

诸如心理失调之类的疾病，是需要家人共同承担的，并不存在所谓的只有患者可以接受治疗，家人就只能自我疗愈的说法。所以我会告诉患者和患者家属，生活在同一个屋檐下感到痛苦、郁闷的话，那就一定要来这里吐露自己的心声，把自己的委屈、难受都倒出来。

患者家属也请一定要到诊所来！

如果不能想办法照顾患者家属的情绪，那么他们的生理和心理上的疲劳就会不断累积，总有一天也会患上心理失调。

说是门诊治疗，但目的并不是开处方、配药，而是倾听对方的心声。

能感受到有人理解自己，有人关注、照顾自己的情绪，将成为一股力量支撑着他们，所以治疗的关键在于不让他们独自一人痛苦、难受。

"你很辛苦，这些我都明白。"

如此简单的一句话，对患者家属来说，具有非常重大的意义,最终其实也能帮助到患者。

让大家懂得,"恨其病,而不恨其人"

在患病的半年、一年间,考虑离婚的夫妻其实并不少见。

有一句话其实说得特别好,叫"恨其病,而不恨其人"。

我会多少带着些开玩笑的口吻,这样宽慰患者家属:"您丈夫／妻子的任何行为都是没有恶意的,等赶走了这个疾病,他／她还是那个您非常熟悉的、优秀的爱人,不会有任何改变。当然,真的到了那个时候,如果您还是觉得他／她变了,那有可能他／她就是真的变了呢。"

关键要点

- 让伴侣持续产生不悦和焦虑的情绪,也实属无奈。
- 让伴侣一同到诊所来,让他理解目前对于患者来说,最重要的就是休息。
- 主治医生耐心倾听患者家属的心声也很重要。
- 条件允许的话,建议暂时分开生活。
- 让患者家属明白,患者是因为生病了才会出现这样的举动,呈现这样一种状态。

Q.27 应该如何面对父母和孩子呢？

Ans. 有很多事情还是不要向父母说得太清楚，这样会比较好吧。关于孩子，他们本身就很擅长观察，所以很多问题不用太过担心，他们能够自己消化。

如果并没有和父母一起生活，那么不做过多解释，从结果来看，是比较好的

如果已经离开父母，独立生活的话，那么要不要向父母解释，需要视具体情况而定。

倘若经过与患者本人确认，患者的父母本身比较爱操心，那么我会提议："也不一定非要告诉他们吧。"

对于患者来说，眼下最重要的，并不是获得父母的理解，而是治疗疾病。等痊愈了之后，再去孝顺父母就可以了。

严谨、爱较真的人大多会认为，"不行，必须一五一十地告诉父母"。

这种情况下，我就会告诉他："如果是让父母担心，给你和父母徒增负担的话，那么也可以选择先不告诉他们啊，其实就是善意的谎言啦。说白了，你也不会把每一天工作、生活上的大事小事，包括有没有感冒啊之类的，全部都与父母分享吧。"

但是，倘若患者与父母一起生活，那就必须向他们解释说明了。

如果父母担心这个担心那个，会唠叨很多的话，那就和伴侣的情况一样，带着父母一起到诊所来，由我向他们说明就可以了。

孩子有很强的观察能力，比起担心孩子会怎么想，更应该关心独自承担育儿工作的伴侣

要不要向孩子进行说明，看似是个难题，但事实上这个问题很好解决。

我接触过各种不同类型的患者和他们的家庭以及孩子。

但是，几乎从没听说过有孩子看到无精打采的家长，还让他们咬牙坚持，让父母振作起来，也不会有孩子以不恰当的方式对待受疾病折磨、困扰的父母。

在我看来，孩子是很聪明的。

他们懂得察言观色，具有很强的观察能力，完全能够看得出"现在情况不妙"，"感觉今天爸爸／妈妈和往常不太一样"。

我家孩子也是一样，当我身体不舒服的时候，或者累成一摊泥一样，呼呼大睡的时候，他出乎意料地懂事，并不会吵醒我。

该如何向孩子解释，并不是一个需要太过苦恼的问题。

比起这个，伴侣才是最需要关心的。因为当你生病的时候，就需要他们独自一人承担所有的家务，包括照顾孩子，这是非常辛苦的。

我会这样对患者的爱人说："现在没有人帮您，您一个人既要照顾孩子，还要做家务，真的很辛苦。这次您的丈夫/妻子，可是亏欠了您很多啊，估计他/她以后在您面前都抬不起头了，他/她这辈子可得好好感谢您啊。"

然后，还要告诉正在集中全部精神好好休息的患者本人："等您的病治好了，您可得好好爱护您的爱人啊。不过，现在您什么都不用做，优先考虑自己的事情，好好休息，争取早日康复。"

关键要点

- 如果没有和父母一起生活，那么大多数情况下可以选择不告诉爱操心的父母。
- 孩子是很聪明的，所以不用过于担心孩子的问题。
- 面对独自承担育儿工作和所有家务的伴侣，还是有必要照顾他们的情绪的。

Q.28 可以和公司里比较亲近的同事经常联络吗？

Ans. 即便是与关系亲近的同事保持联络，也会影响病情，所以尽可能不要接触会比较好。

用个人的联络方式，仅与公司的人事劳资担当一人保持联络即可

和公司同事接触的话，患者总会不可避免地回想起之前工作时的各种景象。

所以我会建议患者尽可能减少接触的人数和频次，可能的话最好暂时不要有任何联络。

官方、正式的一些联系，当然也包括工作上的一些沟通、联络，是不能进行的。

暂停使用邮箱和聊天工具，关掉工作专用手机，等等，患者需要彻底切断与公司的联络。

我会明确地告诉患者，只需要准备一个私人邮箱，和人事劳资担当一人保持联络，但是也仅限于每月一次确认有关伤病补贴的事情；同时用这个私人邮箱和职业健康医师确定面谈的日程等，进行一些必要的沟通和联络即可。

来自关系亲近的同事的善意的关心，也会影响到病情的发展

我建议最好也能够屏蔽工作中关系比较亲近的同事的信息。关系亲近的上司、同事，或许想要给予你一些善意的关心："有没有什么我能帮忙的？"

患者本人听到这样的问候，也会很开心的吧。但是，多数情况下，患者就是因为过于在乎他人的想法，爱胡思乱想才会生病的。收到同事发来的消息，就会不自觉地产生负担感——原来我让大家这么担心啊。

同事发来的信息也许还会被患者解读成"你不在，我们要分担很多工作，好辛苦啊，你得赶快回来上班啊"。相反地，如果同事发来安慰的信息，如"虽然你不在，但是工作上的事情我们还顾得过来，所以你不用担心"，在患者看来可能又会觉得自己是不是可有可无，不被大家需要。

总而言之，就是不管同事说什么，患者都会受到一定的打击。

患者本人内心其实也很混乱，因为他们很矛盾，想着要在公司里有一定的存在感，但是因为不能很好地完成工作，又不想让大家过于关注自己。

所以，尽可能不要接触那些担心自己的公司同事、朋友，原则上来说可以不用保持联系，等痊愈了再说也来得及。

只是在你生病的这段时间里，暂时断绝联系，并不是让你和他们这一辈子都不要联系。

关键要点

- 仅与人事劳资担当一人进行必要的联系即可。
- 即便是关系亲近的上司和同事发自内心的善意，也会让患者产生负担感，受到一定的打击。

Q.29 需要向足够信任的朋友进行适当的解释说明吗？

Ans. 原则上，在心理健康值最低的时候，最好能切断与周围所有人的联系。

即使对方没有恶意，也会因为他们的反应而动摇

可能有时患者会觉得有必要告诉朋友，自己究竟处于一种什么样的状态，也有的人是出于想要释放自己的想法向朋友倾诉。

但是，不管是哪种情况，患者都会因为对方的反应而受到相当大的打击，内心再次动摇。

假设，我是倾听者，我原原本本地接受来自朋友的倾诉，并表示能够共情："那确实挺痛苦的，我懂的我懂的。"

"听起来真的挺难受的，你这次可是真受苦了。"这种反应已经足够了，而且也只能这样回答。

但是，对方不经意的一句"啊？原来这段时间你这么辛苦啊？！"可能就会刺痛患者的心。

再比如"要是我的话，我肯定坚持不到现在"，有人会轻而易举地说出一些自认为不会伤害到别人的话。当然，这是很正常的想法。

就算朋友没有任何恶意，但是在对话的过程中，可能也会无意间聊到最近做了哪些工作。但是对比之下，自己什么都做不好，精神萎靡，听到别人在工作上表现突出，孤立感自然也会变得更加深刻。

就算从这个角度来说，告诉朋友"我现在是这样一种状态，我很痛苦，请你理解我，你要懂我"，也需要花费大量精力，但是收获却微乎其微，付出与回报不成正比。

要明白，当你处于非常脆弱的状态时，就算关系再亲密的朋友，也很难真正感同身受，更多的是在强人所难。所以我们还是彻底地躲进自己一个人的世界里吧。

倘若是真正的朋友，就算事后聊起，应该也能理解

即使这样解释，还是会有人犹豫要不要告诉朋友，面对这种患者，我会再次进行劝说。

"试想一下您的朋友会是什么样的心情吧。朋友不明缘由地就突然联系不上您了。您很难受，不想见任何人，也不能和其他人保持联系。这就是唯一的原因。当您的朋友事后了解这一缘由的话，他会怎么想呢？他是那种会咒骂着'那个家伙，竟然都不跟我说一声'，一个劲发火埋怨的朋友吗？"

听我这样说，患者都会答道："不，我觉得他不是那样的人。"

是啊，如果不能一五一十地把所有事情说得明明白白，和对方之间的友谊就维系不下去了的话，那倒不如借此机会和这样的朋友断绝关系。

等到三个月或是半年后，再告诉朋友"不好意思，因为之前那段时间我状态不好，就没有联系你，不过现在我已经好多了"，倘若是真朋友，肯定会说"我一直很担心你来着"。

关键要点

- 当一个人极度脆弱时，就算关系再亲密的朋友，也很难真正做到感同身受。
- 如果是真朋友，就算没能提前联系，只要事后能好好解释，肯定就能理解你的难处。

Q.30 活得轻松，具体来说是什么意思呢？

Ans. 从思考为什么会变成这样开始，变成全新的自己。

心理健康值下降的人里面，有很大一部分都是那种原本就认真严谨、严格遵守规则的人。

这种人习惯于思考应该如何做，不喜欢放手交给别人，总是独自承担所有。

这种人要慢慢改变自己过往的处事方法，学会适当地纵容自己，这就是所谓的活得轻松。

开篇中提到的"不会和以前一样，可能会变得比以前更好"就是这个意思。

回顾自身，思考"为什么会变成现在这样"

随着病情的好转，如果谈到"要是因为停职休养而感到丢脸，重新回到工作岗位和正常生活的话，可能又会出现同样的心理问题"，大家都会立马答道："不要，绝对不要。我不想再经历一次那样的痛苦了。"

从此刻开始,医生就要利用认知行动疗法对患者进行治疗了。

所谓的5分钟诊疗自然是行不通的,这里就向大家介绍一下我和患者在诊所会做些什么吧。

患上心理失调的人,本身就已经丧失了自信。自己哪里不好,自己一直在逞强之类的事情,就算不用医生说,患者本人已经感触非常深了。

在第一阶段,我要求患者"无所事事",在那期间,大家也会反思自己。

"为什么会变成现在这样呢?"

"是我太脆弱了吗,还是周围人都太强大了?"

"是不是就因为我这种爱钻牛角尖的性格,才会让负面情绪不断累积呢?"

"是不是因为我不懂向别人倾诉,不会放松自己,才搞成现在这样呢?"

"继续活下去,还能找到快乐吗?"

"什么样的事情会让我感到满足呢?"

患者会不断地向自己提出许多类似的问题。

在第一阶段,就算有很多思考,也不会有什么结果。只是不断地思考同一件事,或是一个想法反复地出现,消失,出现再消失。

但是,过去模糊不清的思绪,随着病情的恢复,慢慢地会变得清晰起来。

然后到了第二阶段、第三阶段，一些问题就能得出相应的答案了，比如："我究竟是什么样的人？""对我的人生来说，工作究竟意味着什么？"

如果被问到"这段时间，您是不是想了很多，也反思了很多啊？"，得到的回答必然是："嗯，是的，确实是想了很多。"

再接着问："那么，经过这次停职休养，您是如何看待自己的？今后又是如何打算的呢？"

患者一般就能给出正向的回应，比如："唔，我仔细想过了，我觉得我的性格就是这样，我就是因为想改变，但又改变不了，才会变成现在这样的。"

接受，然后变成全新的自己，活得更加轻松自如

此时，我们作为医生，并不能向患者提供理想的人格范本。

患者会回顾自身过往的经历，然后思考今后想要变成什么样。

倘若经过一番思考，得到的答案是"保持以前那样就很好"，那么医生也就只能说"是吗，那就保持原样吧"。

但是，大多数患者的结论都是，"我想正是这种想法束缚了我自己，这次的经历就是一个教训，所以我还是想有所改变"。

我也会肯定患者的想法:"那么就尝试着变成不一样的自己吧。"

这就是选择不回到原来的模样的例子。

因为接受自己,变成全新的自己,对于患者本人来说也是很自然的结果。

然后慢慢感受活得轻松自如是一种什么样的体验。

我们医生,其实并没有做什么了不起的事情。我并没有劝说患者改变自己,也没有搞什么小讲座传授经验,讲述心得。医生要做的,不过就是跟上患者本人自愈的节奏。

除了指导患者有效地休息,恢复体力,开一些药物辅助之外,医生的工作就只剩下在合适的时机提出关键的问题,引导患者思考而已。

其实,归根结底,只有患者本人才能让自己慢慢恢复,想必大家已经认识到这一点了。

在我看来,人真的很了不起。

关键要点

- 原本习惯了独自苦恼、严谨细致的人，要懂得适时地转变思维模式。
- 在第一阶段"无所事事"的时候，患者也在不断地反思，回顾过去。
- 随着精神状态逐渐好转，患者会开始思考今后该如何生活。
- 最终会得出一个答案，明确今后想变成什么样。

小贴士 ⑤

想要早日彻底痊愈的患者，倘若遇到这样的医生，可以考虑换个医生

只会询问"最近感觉怎么样了？"，不让患者畅所欲言的医生

最常见的反面典型就是，医生只会一味地询问"最近感觉怎么样了？"。

医生这样一问，患者也只能回答"嗯，还行吧"，然后医生以"好，那就还给你开点之前的药"草草结束诊疗。这就是非常常见的令人叹息的现实。

事实上，在诊疗室里，患者很难准确地表达自己到底有什么不舒服，他们很难一下子就说清楚自己的困扰和烦恼。

所以，作为医生，就要先通过一些简单的闲聊来舒缓患者的情绪，同时再借助提问循循善诱地引导患者表达，比如："早上会不会醒得很早啊？还会不会觉得刷牙很麻烦？白天一般会做些什么呢？心情感觉怎么样，有没有比上周好一些了？还是感觉比之前更糟了？"

不对患者进行类似的提问，是医生玩忽职守的表现。

一上来就直接问"最近感觉怎么样了？"，患者的回答也只会是"呃，感觉好像也还行"。突如其来的提问像是具

有一种威慑力，堵住了患者的嘴，让患者无法畅所欲言。

如果是不做干预，任由其发展只会变得更加严重的疾病，那么医生可能会紧张起来，更负责一些。但是心理失调这种疾病，倘若能好好休息，只要没有什么特殊情况，病情也不会有明显的恶化。正因为这是一种会通过自愈力慢慢好起来的疾病，所以有的医生才会选择玩忽职守，消极对待。

简单一句"感觉怎么样"，就草草结束治疗的医生，根本就没有打算理解患者内心的急切和焦虑，所以也不会去思考怎么做才能让患者的病情早日好转，不会去想办法让患者尽快恢复到正常生活。

在我看来，如果医生想要快速地缩短患者的恢复期，就更应该细致地询问，积极地帮助患者才对。

站在医生的角度来看，患者来治疗的次数越多医生会越轻松，也赚得越多。

和经常来诊所的比较熟悉的患者交流自然是比较轻松的。要是遇到第一次来治疗的患者，就必须在初诊的时候了解病人的基本情况，耗时耗力，很是麻烦。恢复时间长的，恢复效果不好的，需要多次来诊所治疗，诊所反倒赚得多一些，这可真是令人叹息啊。

如果遇到严重的抑郁症患者，他们出现"倒不如消失算了""干脆死了一了百了"等倾向，原本敷衍了事的医生还是会打起十二分精神，认真对待。

而面对那些"感觉精神不振,做什么事都提不起精神"的患者,敷衍了事的医生就会选择不管三七二十一,先给开点药,然后就说"感觉怎么样?还可以吗?那就还给开点之前的药",对他们来说这样结束每次的治疗就是"最高效的"。

所以大家要明白,如果你遇到的是这样的诊所,病情恢复得就会慢一些。

采用高压法治疗的医生

我认为,不能完全依赖治疗。当然这是从我的治疗方针来说的。

在精神科疾病的治疗中,医生并不是治疗过程中的主角。

"行了,别说了,就按我说的办""必须按时按量服药,不然病就不会好""你怎么不听医生的话呢",有很多诸如此类使用激烈的言辞指挥病人的医生。

医生下达"指示",而患者并没有完全理解"指示"的真正含义就打道回府了。

患者偶尔会忘记服药,或是没能严格遵守医嘱。那是因为患者并没有理解、接受医生的意见和安排,所以我并不觉得喜欢下达指令的医生是好医生。

主张"必须按我说的办"的医生,大多不会向患者进行详细的解释说明。

高高在上地说着刻板严厉的话："你到我这里是来治病的吧，那就按我说的做啊！"

就算他拥有丰富的医学知识，也不过是糟蹋了手里的"金碗"。

认为患者的想法、见解没用，所以选择充耳不闻的，是无法顺利地进行精神科疾病的治疗的。

精神科，是尤其需要交流互动的科室。

举个极端的例子来说，可能会有"不善言辞但手术做得很好的外科医生"，但是不会有"不懂得与人交流的好的精神科医生"。

与患者平等地对话，是作为精神科医生必须具备的能力。

以开药方为例说明。

治疗，并不是医生一人就能完成的。不管是什么样的精神科医生，不过是认为A药可能对患者有效，就开出药方，但这种猜测也并非百分之百准确，需要某种程度的试错。

一般情况下，我会这样对患者进行说明："这次给您开的药，同类型的药物还有很多，只不过是觉得这个药可能比较适合您，才选择了它。但是如果过了两三周，还没有明显的效果的话，那可能就要换成其他药物了。所以我们一起找到适合您的对症的药物吧。"

这样解释之后，患者也就能理解和认可医生的意图，能够按时服用药物。

反之，倘若只是简单一句"给您开点药"，服药之后也迟迟没有见效，当患者听到医生说"这次换个药"时，就会产生疑心：是治疗进行得不顺利，还是医生误诊了，抑或是自己的病情严重到不好治了？

在治疗过程中为了让患者理解、接受，医生的解释说明是必不可少的，而且不管患者的不安、焦虑严重与否，都需要让他们表达出来。

但是这样一来势必要耗费很长时间。所以不想花时间的医生就会选择尽量少解释，甚至不解释。

遗憾的是，从诊所经营的角度来看，5分钟结束诊疗的医生并不少见。

但是，要想避免成为"聪明的消费者"，而是成为"聪明的患者"，如果有什么不理解、不能接受的，就要及时提问。主动询问的话，医生应该还是会给出相应答复的。

没有一点怜悯之心的医生，还会打断患者的提问，这样的医生还不如趁早脱下白大褂，转行做其他的工作会好一些。

遇到不理解、不能接受的事情，就要主动提问，不要带着疑问离开诊疗室

小贴士 ⑥

我是这样成为一名精神科医生的

跑楼

不知道大家是否听说过"跑楼"?

其实是指上门推销。一旦确定好"某栋楼",就从上到下挨家挨户上门宣传、推销。

按动每家每户的门铃,恭敬地说道:"不好意思,我是Recruit[1]的销售,不知道能否占用您几分钟时间……"

大学毕业刚入职Recruit的时候,我也做过这些工作。

敲开5户的门,其中最多只有1户能让我进入玄关多介绍几句。

假设一栋10层高的办公楼,每层入驻了3家公司,算下来总共就有30家公司。销售员需要无一遗漏地全部上门推销。如果能让其中的一家公司下订单,就已经算是很好的结果了。

从早上开始到晚上,一直重复这样的工作。按了门铃,被回绝后只能说一句"好的,打扰了,以后还请多多关照"。

慢慢地,弯腰低头也好,被人恶语相对也罢,都麻木了。

---

[1] 日本头部综合型互联网公司。

说一句"不好意思,那我下次再来",对方只会说"不用来了"。

说白了,其实就是在反复说着"打扰了,不好意思占用了您宝贵的时间"。

大家常说,销售是熟练工种,总之就是要多做多干。即使被人嫌弃,被恶语相对,也要厚着脸皮做下去,要是做不下去,上司只会轻飘飘地说一句"那你辞职走人好了"。

这确实是一份很辛苦的工作。

在经历过跑楼之后,我又在《日经新闻》《工业新闻》等各种报纸上,圈出各种企业的联系方式以进行电话推销,我曾经一天之内打过100多通电话。即使在电话中与几家公司约好了时间,等到当面宣传推销的时候,别说下订单了,能收下广告资料的公司,最多也只有三家。

同时期毕业的同学,有大学毕业后进入人才招聘部门的,也有跳槽后进入人才招聘部门或是婚庆部,拿到了1亿日元的大订单,还要炫耀地说,"这次的订单比上次少了5000万日元"。

再看看我,目标仅仅是拿到100万日元的订单。

我做的是数字网站运营部门的销售,比较常见的订单也就30万日元,最廉价的项目,可能都低于10万日元了,即便如此,销量还是不尽如人意。

和同期相比,我简直差劲极了,整个人都变得萎靡了。

向同期吐槽，对方也很难感同身受。

只能轻飘飘地附和几句："你们部门怎么这样啊！""目标是多少？""100万日元的订单也拿不到吗？"

慢慢地，销售成绩不好，我也不想再继续做销售了。我也有朋友同样做销售，可他们的职场生活就如鱼得水，一帆风顺。

再这样下去，我肯定会生病，慢慢地都不知道自己在做些什么。

但是大家都说，销售是所有工作中的基础，如果逃离这份工作的话，就没什么活可以干了。

当时，社会的包容性并不像现在这么强，单纯因为自己不适合就选择跳槽的说法，很难得到认同。更何况我无论是上大学还是就业，都经历过复读、延毕，好不容易才找到了销售的工作，父母都已经放弃我了。

要是我提出辞职，估计又要被狠狠说一顿，所以也迟迟没能递出辞呈。当时的处境可以说和地狱没什么两样。

现在想想，当时的我已经陷入抑郁状态了。

不想去上班，就算去上班了，也是先去办公楼里空置的写字间呆坐一小时，抑或是找一家角落里的咖啡店休息，脑海里满是辞职的想法。

不知道是不是因为在上门推销的过程中吃过太多次闭门羹，当时的我一心只想着逃避。

即使拿到了些金额不大不小的订单,我也并不会感到开心,就像是灵魂出窍了一样,压根儿都不会思考了。

怎么样才能不工作?今天一天还能熬下去吗?今天要找什么样的借口才能躲避上班呢?当时满脑子想的都是这些。

正因为这一段经历,我才能与患上心理失调的病人共情,我完全能够想象得出他们有多痛苦。

对职业健康医师的愤怒

在我进入公司的第4年,依据公司内部转岗制度的相关规定,我被调整到了网络市场营销部门工作。

在那里,发生了一件大事。

我有一位经常委托业务的后辈,他的心理状态出现了些问题,我陪他去找职业健康医师面谈,那次谈话简直就是在完成任务。

当时,我虽然并不知道什么是抑郁,但自己也经历过相当痛苦的一段时期,所以看着因心理失调而烦恼的后辈,我很难冷漠地旁观。

走进职业健康医师的面谈间,里面坐着一位40多岁的医生。

我和后辈虽然并不了解职业健康医师具体的职责,但是总想着既然是和医生面谈,肯定能给我们提供一些建议,期待着他能帮助后辈改善精神状态。我们可以说是带着一种寻求援助的依赖心理去的。

但事实却令人遗憾，职业健康医师说的话就像是官方台词一样："你现在感觉很难受是吧，那就停职休息吧，诊所需要你自己去联系。好，差不多就是这样了。"

不到3分钟，整个面谈就结束了。

当时我真的特别意外："什么？就这么结束了？！"

明明我们还什么都没说呢，他也什么都没问，甚至都没说一些鼓励、安慰的话，更没有告诉我们应该怎么办。

因为过于吃惊，所以我当时都打算放弃了。

几天后，我又去找了那位职业健康医师，追问道："您好，前两天我陪同事一起来接受过面谈。说实话，我完全不能理解当时究竟谈了些什么。说到底，你们职业健康医师究竟是做什么的？"

结果那位医生给我的答复又让我大吃一惊："职业健康医师，其实就是兼职的医生而已啦。"

听到这句话，我不禁仰天长叹。

在那之前，我对医生这一职业充满着敬畏，他却说是为了赚钱的兼职。我们竟然把为了赚钱来兼职的人当成救命稻草，想想都觉得可笑至极。

一问那位医生的专业，他说自己是内科医生。搞不明白，一位内科医生是怎么成为职业健康医师的。

他还告诉我，只要是医生，接受相应的课程，不管你专攻的是哪一领域，都能取得职业健康医师的执业资格。只要拿到执业资格，不论是谁都能干这份工作。

原本在我的印象中，职业健康医师要负责企业职工的心理健康，所以我想当然地认为肯定是精神科的医生。

按照那位医生的说法，现实是非精神科的医生可以从事职业健康医师的工作。

"我感觉医生您对精神领域的疾病不太了解啊"，听我这样说，那位医生竟答道："和专业的精神科医生相比，的确是要差一些的。"

员工的生杀大权竟然握在这种水平的职业健康医师的手中，想到这里就觉得特别无助。

当时的我，像被抽了筋一样，整个人都瘫软了。

但是，在那一刻，不知道是因为我与生俱来的乐天性格，还是积极性突然爆发，我暗自下定决心，"既然如此，我来做职业健康医师不就好了"。

医生，的确是很神圣的职业，但是对企业职工的困境一无所知，而且专业领域截然不同的人，仅仅因为满足法律规定的相关条件，就能成为职业健康医师。比起他们，我对打工人的痛苦理解得更透彻，也能更加耐心地倾听他们的心声，我可以担负起职业健康医师关心员工心理健康的责任。这就是我当时的真实想法。

职业健康医师，必须成为能够庇护企业职工的堡垒，更要在职工陷入困境时伸出援手。既然如此,那就让我来成为坚固的堡垒,成为他们的希望吧。

下定决心后,我没有过多了解相关的信息,就直接向上司递交了辞呈,在2006年3月离开公司,结束了五年的企业员工生活。

辞掉工作后,我迸发出了惊人的集中力投入学习。

为了成功进入医学部,我先去读了预备学校,拼尽全力学习医学知识。

当我学习累了,有点犯困的时候,我就会想起那次和职业健康医师面谈时的情景,然后不断地鞭策自己:"等着瞧!我一定要成为职业健康医师!"凭着一腔热血和执念,我奋力坚持着。

2007年4月,我30岁,成功进入弘前大学医学部医学科三年级继续学习。

结　语

本书并不是实践指导书,当您出现心理失调的症状时,不需要对书中的内容一一实践。

同时,并不是只要将本书的内容全部铭记于心就能克服心理失调的问题。

每个人的个性、生活方式都不尽相同。只要在我所讲到的内容中,选择那些您比较在意、适合自己的就可以了。

手脚怎么放着舒服就怎么放,总之就是可以创造出个人风格。

我接触过很多患有心理失调的人。提高心理健康值的过程,对当事人来说,是一个让人格更加成熟的过程,重新定义生活方式的过程,更是寻找更加充实的自我的过程。

越是"兵荒马乱",患者今后再次遇到相同情况的概率也就越低。

越是烦恼,病情痊愈后,就越能变成更好的自己。

在接诊的过程中，没有一位患者是我觉得"治不好"的。

当然，如果患者还患有严重的器质性疾病，那我必须说，痊愈的可能性有五成。

但是，能够来诊所就医的患者，不论他起初的精神状态有多么差，都能学会比以前活得更加轻松，能够重新回到工作岗位，关于这一点，我从没有一丝一毫的怀疑。

在刚开始治疗时，我会告诉患者"肯定能痊愈的"，其中可能或多或少包含了我的期许。

但事实上，愿意相信我、配合我的结果就是，大家都摆脱了心理失调的问题。

所以现在我确信，医生传递给患者的信念和热情，最终都会对患者的病情产生积极的影响。

"没事的""没关系，会有办法的"，我想没有比医生的这几句话更让人有底气的了。相反地，如果医生什么都不说，患者可能就会很绝望，误以为自己已经没得救了。

我之所以会这样想的理由之一，恰恰在于我的亲身经历。

这也是我第一次如此坦诚地讲述自己的故事。现在以医生的身份，回顾过去在企业当员工的经历，我才发现当时自己也曾一度陷入抑郁状态。

当时的状态糟糕透顶，就像跌入地狱一般。但是，我没有去诊所接受治疗，凭一己之力战胜了病魔。

我一个人走上战场，自己寻找解决之法，最终攻克了难关。

也许正是那段痛苦的经历，才让我坚信现在我接触的所有患者也能战胜疾病。

虽然我是凭自己的能力痊愈的，但我并不建议大家做相同的尝试。

我是因为运气好，最终痊愈了，但也吃了很多苦，如果当时稍有闪失，可能就会造成不可想象的后果。

如果意图靠自己的意志战胜疾病，或许也会取得成功。

但是，倘若有人可以提供建议，并给予一定的支援，那心里肯定会踏实许多吧。

我愿用毕生精力担负起救治心理疾病患者的责任。

正因为我亲身体验过，所以我完全能够感受到患上心理失调究竟有多么痛苦。

经历过才更加明白，当事人的信念有多么重要，有负责任的医生作为陪跑者一同与病魔战斗，治愈的概率也会更高。

我发自内心地期望，能够给予看过这本书的朋友一些正能量，让你们更有信心，战胜心理失调。

尾林誉史